JUL 0 9 2021

3 1994 01609 6536

SANTA ANA PUBLIC LIBRARY

C0-BLJ-801

JAVIER GUAYERBAS FERNÁNDEZ

La Virgen de Guadalupe

ALMUZARA

© Javier Guayerbas Fernández, 2020
© Editorial Almuzara, s.l., 2020

Fotografías:
© Manu Reino
© Javier Guayerbas
© Alberto Santos
© Lorenzo Cordero
© Daniel Villalba
© Alberto Román
© Francisco A. Fernández
© José Manuel Jiménez Calvo de León
© Rafael Gómez
© Alejandro García
© Antonio Orantes
© José Luis Filpo

Archivos:
© Real Monasterio de Guadalupe
© Francisco Arquillo Torres
© Taller Orfebrería Villarreal
© Kronos Servicios de Restauración
© Real e Ilustre Congregación de Ntra. Sra. de los Ángeles
© CEE

Primera edición: septiembre de 2020

Reservados todos los derechos. «No está permitida la reproducción total o parcial de este libro, ni su tratamiento informático, ni la transmisión de ninguna forma o por cualquier medio, ya sea mecánico, electrónico, por fotocopia, por registro u otros métodos, sin el permiso previo y por escrito de los titulares del copyright.» Cualquier forma de reproducción, distribución, comunicación pública o transformación de esta obra solo puede ser realizada con la autorización de sus titulares, salvo excepción prevista por la ley. Diríjase a CEDRO (Centro Español de Derechos Reprográficos, www.cedro.org) si necesita fotocopiar o escanear algún fragmento de esta obra.

COLECCIÓN ANDALUCÍA
EDITORIAL ALMUZARA

Director editorial: Antonio E. Cuesta López
Edición al cuidado de Rosa García Perea
www.editorialalmuzara.com
pedidos@almuzaralibros.com - info@almuzaralibros.com
Imprime: Gráficas La Paz
ISBN: 978-84-18346-36-1
Depósito Legal: CO-885-2020
Hecho e impreso en España - *Made and printed in Spain*

«María no es solo la Madre solícita de los hombres, de los pueblos, de los emigrantes. Es también el modelo en la fe y en las virtudes que hemos de imitar durante nuestra peregrinación terrena»
San Juan Pablo II. 4 de noviembre de 1984
Real Monasterio de Guadalupe

Índice

A modo de prólogo 9

1. Entre la leyenda y la historia 11
2. La imagen de María Santísima de Guadalupe 23
3. El ajuar de una reina 37
4. El camarín de la Virgen: arquitectura y arte......................83
5. Rituales y cultos en Guadalupe 104
6. Dos acontecimientos históricos en el siglo XX 123
7. Un enclave Patrimonio de la Humanidad.........................135
8. Guadalupe, una devoción universal 160

Agradecimientos 186

Bibliografía...187

A MODO DE PRÓLOGO

Santa María de Guadalupe conserva intacta en pleno siglo XXI la esencia de la devoción ancestral forjada siglos atrás en este enclave natural de la sierra de Las Villuercas. La Puebla de Guadalupe, alentada por *jerónimos y franciscanos*, ha sabido transmitir esa esencia de madres a hijos, de abuelas a nietos, de generación en generación, para rendir culto a uno de los iconos marianos de mayor arraigo universal tanto en lo religioso y espiritual, como en lo histórico y artístico.

En las siguientes páginas encontrará un compendio de cuánto se ha investigado, escrito y afirmado en torno a Santa María de Guadalupe. Desde las claves históricas de los padres fray Gabriel de Talavera y fray Diego de Montalvo hasta la historia a modo de guía para el peregrino del padre Juan de Malagón de la Orden de San Jerónimo (O. S. H.) impresa en Salamanca en el siglo XVII, además de las aportaciones de académicos, cronistas y estudiosos que a lo largo de los siglos se han acercado con sus plumillas a este núcleo de la devoción mariana, sin obviar el sentir del pueblo, la tradición y las leyendas que aún hoy circulan por las calles, plazas y rincones de la Puebla de Guadalupe.

La iconografía de la Santísima Virgen, su ajuar y sus cultos rituales; la coronación de María Santísima, reina de la Hispanidad; el Real Monasterio, su patrimonio y su riqueza histórica y artística…, forman el corpus de esta publicación que introduce al lector en la historia de la Virgen de Guadalupe.

La Santísima Virgen de Guadalupe, patrona de Extremadura, responde a un fenómeno devocional a la altura de otras grandes manifestaciones de fe en el marco de la religiosidad popular. Por este Santuario han pasado reyes e ilustres, santos y santas, literatos y artistas, y en Ella siempre han encontrado fuente de inspiración y una mano amiga.

«La Virgen de Guadalupe: historia, leyendas, arte, cultos, devoción, patrimonio, personajes, enseres y curiosidades» se convierte en una pequeña aportación más a la amplia bibliografía guadalupense, huyendo de tecnicismos académicos para centrarse en la devoción popular, en la Virgen del pueblo que el autor descubrió con apenas siete años y de cuya primera visita al Real Monasterio aún conserva la estampa tradicional de María ataviada con el terno rojo y bordados en oro de finales del siglo XVIII.

Sirvan estas líneas para expandir aún más si cabe la devoción a la Virgen de Guadalupe, a la par que se ahonda en la importancia patrimonial, cultural e inmaterial de una imagen de tez morena en torno a la cual se edificó un monasterio y se asentó un pueblo: Guadalupe.

1. ENTRE LA LEYENDA Y LA HISTORIA

SAN LUCAS, ARTÍFICE DE LA VIRGEN DE GUADALUPE

La transmisión de lo popular en la Edad Media siempre llevó aparejado un halo de leyenda para que el mensaje del fenómeno en cuestión calase en lo más profundo de la sociedad. La aparición en un lugar recóndito de una talla de María Santísima se ha presentado siempre junto a un hecho milagroso, y la autoría de la misma ligada al evangelista San Lucas, de quien la historia ha presumido como buen pintor y escultor, además de retratista de la Virgen María. Esta faceta ha quedado recogida en iconos y óleos de artistas como Rogier van der Weyden, Doménikos Theotokópoulos, el Greco, o Giorgio Vasari.

Es esa tradición oral la que nos ha regalado la historia más bella jamás contada en torno a la Santísima Virgen de Guadalupe, tratándose de una obra legendaria del evangelista San Lucas —dicen que muerto en Acaya, Asia Menor, fue enterrado con Ella— del que fray Juan de Malagón escribió, en el año 1672, en su «Historia de Nuestra Señora de Guadalupe», lo siguiente:

> *El buen Pintor, para serlo, dicen los peritos en el Arte, que ha de ser también Escultor, y créese, que lo fue este Santo Evangelista, pues desde la cristiana antigüedad ha venido de mano en mano, que hay muchas Esculturas de la suya, y no es pequeña conjetura, aun-*

que mejor la llamáramos certeza, de que sea una de ellas la Santísima Imagen de Guadalupe, el saber, que el Santo Pontífice, y Doctor Gregorio Magno, primero de este nombre puso especial cuidado en recoger en su Capilla todas las hechuras Santas que halló en la antigüedad, parece, que tenía con especialidad puestos los ojos en ésta, porque quizá supo, que se había labrado con la misma mano, que se escribió el Evangelio, y que la de Lucas entallaba con la verdad que escribía, pues había sacado tan verdadera la Copia de las más divina mujer, y hecho este milagro de imágenes por quien tantos ha obrado su Original.

San Lucas pintando a la Virgen y al Niño. El Greco.
Museo Benaki de Atenas, Grecia.

Las palabras de fray Juan de Malagón nos enmarcan ya a la Santísima Virgen de Guadalupe en esa leyenda y halo espiritual al que además se van a ir asociando hechos milagrosos. El primero de ellos ocurrió en Roma en el año 592 d. C., un milagro mediante el cual Gregorio Magno ascendió al pontificado como Gregorio I, todo ello en un escenario convulso y en una ciudad azotada por el desarraigo. Cuentan que, orando ante la Santísima Virgen, implorándole que volviese sus ojos a Roma, entre el clamor del pueblo cesó la peste y un ángel envainó su espada limpia de sangre sobre un castillo, llamado desde entonces el Castillo de *Sant'Angelo*.

Además, apuntan a que el pontífice que más tarde sería santo organizó una procesión convocando al pueblo, a devotos y arrepentidos, ofreció un sermón y la imagen recorrió las calles y las plazas de Roma portada a hombros de los sacerdotes. Justo en ese instante cuentan que los ángeles entonaron la antífona «*Regina coeli laetare alleluya*» a la que el papa Gregorio I añadió «*Ora pro nobis Deum alleluya*». Desde entonces, la imagen de la Virgen se conocería en Roma como Nuestra Señora de la Salud.

DE ROMA A SEVILLA. CUSTODIADA POR SAN ISIDORO, RECIBIDA POR SAN LEANDRO

Tras este episodio Roma alcanzó la serenidad, mientras que el papa Gregorio I iniciaba su gobierno con la mirada puesta en importantes literatos y sabios para llevar con acierto y capacidad el peso de la Iglesia Católica, entre los que se encontraba San Leandro, arzobispo de Sevilla, a quien conoció en Constantinopla.

Cuentan que el arzobispo hispalense declinó la invitación cursada por el pontífice para que le acompañara en estos primeros pasos del pontificado, aunque la negativa llegó desde Sevilla con una propuesta: sería san Isidoro, hermano de san Leandro, el que viajaría hasta Roma para ese encuentro con el papa Gregorio I.

La historia dice que en demostración de la amistad que Gregorio Magno profesaba a san Leandro, le envió a Sevilla bajo la custodia de san Isidoro los comentarios morales que escribió sobre Job y otras reliquias, entre las que se encontraba la Santísima Imagen de Nuestra Señora de Guadalupe.

En esta pintura se puede leer la leyenda: «San Gregorio el Grande, siendo legado de Pelagio II en Constantinopla, llevó a Roma a Nuestra Señora de Guadalupe, llamada la Vizantina por Vizancio. En Roma sacaron en Rogativas las imágenes prodigiosas por el contagio de que murió Pelagio. Viendo San Gregorio que Dios no se aplacaba, mandó sacar la Vizantina. En la procesión apareció un ángel enbaynando y otros cantando 'Regina Coeli laetare' etc. Cesó el contagio y le pusieron el título de Nuestra Señora de la Salud». Se encuentra en la subida al camarín de la Virgen en el Real Monasterio.

La imagen llegaría en un barco acompañada por clérigos y por san Isidoro. Narran que no fue un viaje tranquilo debido al estado del mar. La tripulación, temerosa, se encomendó a la Santísima Virgen y el barco llegó a buen puerto, siendo este un nuevo hecho milagroso en esta historia que nos acerca al origen legendario de María Santísima de Guadalupe.

Ya en Sevilla, fue san Leandro quien salió a recibir la imagen de la Santísima Virgen de tez morena «colocándola con gran decencia, y aparato en una suntuosa Capilla donde estuvo sumamente venerada el tiempo que las cosas de España corrieron con feliz fortuna», tal y como acuña el padre Juan de Malagón. Esta capilla se encontraba en la iglesia principal de San Juan Bautista. Allí permaneció la imagen hasta la conquista musulmana de la península ibérica y la toma de Sevilla hacia el año 711.

Leyenda inscrita en esta pintura: «La prodigiosa ymagen de Nuestra Señora de Guadalupe, la Vizantina, llamada en Roma de la Salud, llegó a Sevilla después del milagro de la mar en que se vio bañada de luces. Sale a recibirla el arzobispo San Leandro, a quien la envió San Gregorio con el libro de las Morales de Job. En Sevilla la titularon Regina Coeli aludiendo a la antífono que los ángeles le cantaron en Roma. San Gregorio se quedó con una copia, que se venera en Polonia, a donde la llevó el conde Saphiea Nicolás en tiempos de Urbano VIII. Se olvidaron de esta copia en Roma y equivocados con las salidas de otras ymágenes por el contagio de que murió Pelagio II, hubo lugar de dudas y opiniones de que destruió la misma copia, haciendo demostración de ello la Historia desde el folio 286».

LA HUIDA DE SEVILLA Y EL ENTERRAMIENTO A TRES LEGUAS DE BERZOCANA

Esta parte de la historia no exenta de leyenda nos invita a conocer cómo unos clérigos sacaron de Sevilla la imagen con otras reliquias para preservarlas del dominio musulmán. Entre esas reliquias, hoy depositadas en Berzocana a escasos kilómetros de la Puebla y Villa de Guadalupe, se encontraban los cuerpos de san Fulgencio y santa Florentina, hermanos de san Leandro y de san Isidoro. El peso y los días de caminata y huida entre jaras y breñas llevó a los clérigos a aliviar parte de la mercancía transportada, para ello escondieron bajo tierra los cuerpos de estos dos santos dejando, incluso, un manuscrito en el que explicaban quiénes eran, de dónde procedían y cómo habían llegado hasta ese punto de Las Villuercas.

El objetivo de estos religiosos al comenzar su viaje desde Sevilla para escapar de los musulmanes era alcanzar León con la imagen de la Virgen. Ya con menos carga y una vez asegurados los cuerpos de los hermanos santos, prosiguieron su viaje hacia tierras leonesas sin separarse de la escultura de María Santísima. Caminando, a tres leguas de Berzocana, hallaron un sepulcro de mármol antiguo en el interior de una especie de cueva. Con el fin de continuar su camino a León y huir con mayor celeridad del enemigo, enterraron la imagen de la Santísima Virgen en este sepulcro. Este acto, y así lo recoge la historia, se llevó a cabo con la máxima decencia y decoro, refiriéndose a la imagen como «el dulce peso».

De nuevo, junto a la talla, los clérigos depositaron un manuscrito con la historia de la sagrada imagen, como ocurrió leguas atrás con los cuerpos de san Fulgencio y santa Florentina. En este documento quedó reflejado de qué imagen se trataba, quién la realizó, los milagros que obró en Roma, cómo san Gregorio se la envió a san Leandro en un viaje en barco bajo la custodia de su hermano san Isidoro, cómo por intercesión de la Santísima Virgen se apaciguó el mar en plena tormenta y los milagros que obró en Sevilla, sin obviar la causa que llevó a estos religiosos a emprender a pie su marcha a León desde Sevilla con la imagen de la Virgen y salvaguardarla en el sepulcro de mármol junto al río Guadalupejo, el río escondido.

De esta forma, la imagen estuvo expuesta al culto en Sevilla en la iglesia principal de San Juan Bautista algo más de un siglo, del año 592 al 711, fechas intuitivas y legendarias, pues este templo, conocido hoy como San Juan de la Palma, debe su origen a una edificación musulmana de época almohade en torno al siglo XII.

Llegados a este punto cabe preguntarse si realmente la imagen de María Santísima de Guadalupe estuvo en Sevilla. ¿Llegó desde Roma al amparo de San Leandro y San Isidoro? Son cuestiones que hoy solo podemos responder desde esta bella historia legendaria que nos ha legado la tradición oral y escrita.

APARECE UNA TALLA DE LA VIRGEN EN LAS VILLUERCAS

Pasarán más de seis siglos sin datos ni leyendas en torno a la imagen de la Santísima Virgen desde su escondite por los clérigos hispalense en torno al año 711. Así, perdido su culto, no será hasta finales del siglo XIII, en plena Reconquista y en los últimos años del reinado de Alfonso X el Sabio (reinó de 1252 a 1284) cuando un hecho prodigioso corrió por Las Villuercas: la aparición misma de María Santísima y el posterior hallazgo de la talla junto al río Guadalupejo.

Como señala con acierto el cronista Antonio Ramiro Chico, este es el punto de partida entre lo que hasta ahora es leyenda e imaginario colectivo carente de rigor científico, cuyo único fin justificado era el de dar antigüedad y misterio a la imagen titular del Santuario, y la historia ya documentada de la imagen románica de la Virgen.

No obstante, la leyenda acompañará siempre a la historia, esta vez para explicar la aparición de la Virgen María y el hallazgo de la escultura. Una leyenda o quizá milagro que según rezan las crónicas sucedió así:

> *El pastor Gil Cordero, vecino de Cáceres, era responsable de los ganados de los Ulloa. Este buen hombre al recontar la vacada advirtió que faltaba una res. Sin dudarlo un instante, marchó en su búsqueda entre encinas, castaños y robledales hasta llegar a un río de escasas aguas, bastante escondido. Después de andar durante tres días por la ribera derecha del mismo encontró la vaca muerta, pero intacta. Quiso entonces aprovechar su piel. Al realizar al animal en el pecho la señal de la cruz con incisiones de cuchillo como era costumbre, la vaca se puso en pie y echó a andar. En ese preciso instante, la Santísima Virgen María se apareció a Gil Cordero, a quien le dirigió estas palabras:*
>
> *—No hayas miedo; yo soy la Madre de Dios, por la cual alcanzó la humanal generación redención. Toma tu vaca y ve, ponla con las otras; de aquesta vaca habrás otras muchas en memoria de aqueste aparecimiento que aquí te apareció. Y desque la pusieres con las otras vacas, irás a tu tierra y dirás a los clérigos y a las otras*

gentes que vengan aquí a este lugar donde te aparecí, y que caven aquí y hallarán una imagen mía.

El vaquero, tras escuchar el mensaje de la Señora, marchó a la Villa de Cáceres para comunicar la buena nueva. Cuando llegó a su casa, encontró a su mujer llorando por un hijo que acababa de fallecer. El pastor la consoló y sin dudarlo encomendó su pena a la Madre de Dios:

—Bien sabéis Señora, que vengo por mensajero vuestro, y creo que por alta providencia se ha ordenado, que a este tiempo hálle esta desdicha en mi casa, para que remediándola vos a mis ruegos, crean en esta tierra, y en todo el mundo lo que tengo que decirles; yo seré embajador fiel, y si dais vida a mi hijo os le dedicaré en el lugar de mi dicha, y de toda la del orbe, para que allí os sirva perpetuamente.

Finalizadas estas palabras, y tras la llegada de los sacerdotes para dar sepultura al hijo, este se levantó del féretro, sano, hablando a su padre, y diciéndole en voz alta:

—Padre, llévame al lugar donde se le apareció la más soberana Reina.

Gil Cordero, emocionado a la par que sorprendido, compartió en ese momento con los clérigos la aparición de la Santísima Virgen que había presenciado días atrás:

—Señores, sabed que me apareció Santa María en unas montañas, cerca del río Guadalupe; y mandóme que os dijese que fuésedes allí donde me apareció, y cavásedes en aquel mismo lugar donde Ella me apareció; y que hallaredes ahí una imagen suya, y que la sacásedes de alla y que le hiciese una casa. Y mandóme más, que dijese a los que tuviesen cargo de su casa que diesen a comer a todos los pobres que a ella viniesen una vez al día. Y díjome más, que haría venir a esta su casa muchas gentes, de muchas partes, por muchos miraglos que haría por todas partes del mundo, así por mar e por tierra. Y díjome más, que allí, en aquella grande montaña, se haría un pueblo.

El hecho se difundió por toda la ciudad y fue suficiente para convencer a los religiosos de la verdad de las apariciones. Gil Cordero, acompañado por los clérigos y su familia, peregrinó hasta el lugar, acompañados por el pueblo, unos por devoción, otros por curiosidad. Llegaron al sitio, siendo su guía el pastor; comenzaron a cavar, no había señal de que en los siglos se hubiera

> *movido allí tierra, ahondaron más, y ya encontraron con unas piedras, que parecía que estaban labradas y puestas con algún arte, hasta que al último ahondar encontraron con el oro, con el tesoro divino, con la más bella imagen que la escultura formó; tenía junto a sí la escritura que los clérigos dejaron en su huida, y una campanilla pequeña, tan indemne toda la hermosa escultura de la corrupción del tiempo que parecía que aquel día había salido de las manos del artífice.*

Esta narración de los hechos es una reproducción de lo acontecido según la historia del padre Juan de Malagón escrita en 1672, enriquecida con fragmentos de otros autores que han abordado el hecho *aparicionista*, como el padre Germán Rubio en «Historia de Nuestra Señora de Guadalupe» de 1926 publicada a partir de un texto anterior al año 1400 que se conserva en el archivo monacal, o fray Diego de Écija y su «Libro de la Invención de esta Sancta Imagen de Guadalupe y de la erección y fundación de este Monasterio, de algunas cossas particulares y vidas de algunos religiosos», cuyo original data del siglo XVI.

Además, el padre Juan de Malagón recoge en la historia del hallazgo una interesante descripción de Santa María de Guadalupe como pieza escultórica:

> *Su estatura de poco menos de dos tercias, el vestido que tenía, que era de carmesí, tan lucido y tan joyante, que parecía que aquel día se había tejido y hecho. Tenía la Santa Imagen un collar de oro muy rico en aquellos tiempos, que tiene por pendiente una cruz con cuatro brazos; el niño, que tenía en los suyos la Santa Imagen, tenía un chorro de oro y perlas.*

En cuanto a la primera ermita levantada como punto de peregrinación y devoción fray Juan de Malagón escribe en el siglo XVI:

> *Con los propios medios y elementos de la zona construyeron una pequeña ermita y levantaron un altar a la vetusta imagen de María, que recibió el nombre del río Guadalupe, en cuya orilla comenzó a florecer una aldea. El rumor de sus milagros y favores pronto se extendió por los Reinos de Castilla y Portugal y los caminos de*

Guadalupe comenzaron a ser transitados por peregrinos de toda condición. El propio rey Alfonso XI (1311-1350) que, frecuentaba estas tierras, buenas para la caza del oso, en su primera visita, hacia 1330, contempló esta pequeña iglesia en estado ruinoso. Entonces mandó ensancharla y le otorgó varios beneficios y ordenó edificar en sus alrededores hospitales y albergues para peregrinos.

La Virgen María se aparece al pastor Gil Cordero en Las Villuercas. Pintura conservada en el Real Monasterio.
Leyenda inscrita en esta pintura: «Gil Cordero buscó en las sierras de Guadalupe una baca que halló muerta, fue a desollarla y resucitó. En esta ocasión la Madre de Dios le reveló que su prodigiosa Ymagen estaba enterrada debajo de la baca y que es su voluntad se venere en el mismo sitio, que con el tiempo será célebre santuario. Confirmose la revelación con la resurrección de un niño, hijo del mismo baquero, que en el féretro, sin haberlo oído, refirió a la revelación que havía tenido su padre. Y pedía lo llevasen a donde estava enterrada la Ymagen de la señora que lo avía resucitado».

Con el paso de los años la transmisión oral de la leyenda se convierte en la herramienta clave para la difusión de este hecho devocional y de los milagros de la Santísima Virgen María en su advocación de Guadalupe, unos hechos milagrosos e históricos que al cabo del tiempo se plasman para una mayor difusión en formatos tangibles como libros, grabados o pinturas. Una práctica que como explica el investigador Antonio Ramiro Chico forma parte del pueblo ya que nace del mismo, de la atracción del ser humano por lo sobrenatural y lo maravilloso, es decir, por todo aquello que no tiene una explicación racional, pero que genera la necesidad de ser contado y compartido.

Y es que la historia de la aparición de la Virgen de Guadalupe no es un hecho aislado, sino un fenómeno frecuente en la Edad Media, de los siglos XI al XV, e íntimamente ligado a la devoción mariana. Si acudimos a nuestro pueblo o ahondamos en la historia de las devociones surgidas al calor de aquellos siglos, la aparición de la Virgen María a un pastor, a un vecino o a un grupo de personas siempre suele llevar aparejado el descubrimiento de una efigie y la posterior construcción de una primera ermita. Este es el caso, por ejemplo, de la Virgen del Camino en esta localidad homónima a unos seis kilómetros de León, o de la Virgen de la Cabeza en Andújar, provincia de Jaén, entre otras.

¿Quién fue el propulsor de la historia del pastor Gil Cordero? ¿Cuándo se contó por primera vez este hecho? Son dos de las preguntas que historiadores y cronistas de la Villa y Puebla de Guadalupe han intentado responder desde el estudio y la investigación a partir del material bibliográfico del propio monasterio.

Hallazgo de la Virgen de Guadalupe en el interior de un sepulcro de mármol antiguo. Óleo sobre lienzo del claustro mudéjar del Real Monasterio.

Elisa Rovira López, historiadora y cronista oficial de la Villa y Puebla de Guadalupe, mantiene que la leyenda data de la primera época del priorato jerónimo (1389-1441), pues admitiendo la posibilidad de que existiera una tradición oral o un esquema escrito antes de la llegada de la *congregación jerónima*, resulta extraño que durante todo el priorato secular que duró cuarenta y ocho años (1341-1389) no exista referencia alguna sobre el origen de la imagen, aunque no así sobre el hecho de la aparición, recogido en la Gran Crónica de Alfonso XI, manuscrita e iluminada en la Edad Media.

De aquel sepulcro o lápida bajo la que fue enterrada la imagen de la Virgen de Guadalupe y siglos más tarde descubierta por el pastor Gil Cordero, hoy encontramos parte enmarcada en las paredes de la escalinata interior que da acceso a la Basílica del Real Monasterio. Una reja de forja, primero, y una cruceta de hierro a modo de cancela, protegen los fragmentos legendarios de la piedra bajo la que se puso a resguardo la talla románica de Santa María de Guadalupe.

Fragmento de la losa sepulcral bajo la que se escondió la imagen de la Virgen de Guadalupe alrededor del año 711. Se encuentra en la escalinata interior de acceso a la Basílica.

2. LA IMAGEN DE MARÍA SANTÍSIMA DE GUADALUPE

ROMÁNICA Y DEL SIGLO XII

Entre la historia y la leyenda lo cierto es que la imagen de Nuestra Señora de Guadalupe responde a la iconografía de Virgen sedente con el Niño en su regazo, independiente a la imagen de la Madre. De tez morena, está datada en torno al siglo XII y cumple con los patrones del estilo románico.

La imagen de la Virgen de Guadalupe está enmarcada en las conocidas como de bulto redondo o exenta, ya que se puede contemplar desde cualquier punto de vista, y responde al modelo más común de estas representaciones marianas: *Theothokos*, es decir, trono de Dios.

Este modelo fue el más frecuente en el periodo románico, en el que se representa a la Virgen María como trono de su Hijo, caracterizada por la frontalidad, el hieratismo y la rigidez. Tallada cubierta por un velo y en origen una corona —hoy desaparecida al cubrirse esta superficie por una capa de estuco para facilitar la labor de vestir y ataviar con textiles (mantos y sayas) a María Santísima— viste túnica y manto tallado sobre la misma madera de cedro de su hechura original.

Además, conserva policromías, tanto en los ropajes tallados como en el trono desde el que reina, aunque estas pinturas están modificadas del original, tal y como coinciden los profesores y expertos que han tenido la oportunidad de admirar la talla románica desprovista de ropajes y alhajas.

Una interesante descripción de la imagen la ofrece el padre Gabriel de Talavera en el siglo XVI, donde apunta a la tez morena de la Virgen «a causa de su mucha antigüedad» y a la hermosura del rostro «tan grave y perfecto que muestra bien la majestad desta Señora: y quadeale muy bien a la letra lo que dize la Esposa: aunque el color es algo tostado, el rostro es hermoso».

El padre Gabriel de Talavera también señala que la estatura de la Virgen de Guadalupe es de «poco más de una vara, haciéndola mas alta, al parecer, y vista de quien la mira, la peana en que está, y la corona que tiene».

También menciona al Divino Infante, ubicado en el regazo de la Madre «al lado yzquierdo y con la mano derecha vn ceptro de oro, sembrado de hermosísimas piedras, en prenda y testimonio que es Señora de todo lo criado. Son sus vestidos innumerables y de valor inmenso».

Virgen Theothokos o Kyriotissa representada hacia el año 867 en el ábside de la que fue Basílica de Santa Sofía en Estambul, antigua Constantinopla. En julio de 2020 se ha instaurado de nuevo en este espacio el culto musulmán.

DE LA EXISTENCIA DE DOS IMÁGENES
EXPUESTAS AL CULTO

Antes de adentrarnos en el siglo XX y en las intervenciones y procesos de conservación, estudio y análisis que se han realizado a la talla románica de María Santísima de Guadalupe, resultará interesante conocer cómo antaño hubo hasta dos imágenes de la Virgen expuestas al culto y a la veneración de los fieles en el retablo del templo monacal. Así lo recoge a principios del siglo XVI el padre Diego de Écija, cronista de la Orden Jerónima y del Real Monasterio de Guadalupe, que escribió:

> «(...) solían estar por entonces dos imágenes de Nuestra Señora en el altar mayor; y la alta era y es la que se halló aquí por milagros (...)».

Al parecer, la imagen original, la talla venerable de Santa María de Guadalupe estaba velada, oculta en la parte alta del retablo, mientras que la copia ubicada en la zona baja del altar mayor cumplía funciones de ornamentación y signo de devoción del retablo mariano, tal y como apunta fray Sebastián García Rodríguez, quien ofrece un dato más, el año en el que se retira esta copia del retablo en cumplimiento de un acta capitular de 1526.

El capítulo decidió entonces sustituir la copia de la Virgen por una imagen de San Jerónimo penitente. La escultura del santo, que es anterior al retablo mayor actual trazado por Juan Gómez de Mora en 1614 y ejecutado por el escultor flamenco afincado en Toledo Giraldo de Merlo entre 1615 y 1618, con la colaboración de Jorge Manuel Theotokópoulos, hijo de El Greco, vino a ocupar el espacio que hasta entonces estaba dedicado a la segunda Virgen de Guadalupe.

Del acta capitular de 1526 en el que se tomó esta decisión destacamos las siguientes apreciaciones, como que el tema en cuestión ya se habría tratado con anterioridad en otros capítulos de la Orden Jerónima sin surtir efecto o la calidad de la escultura de San Jerónimo como justificación de peso para su exposición en el retablo mayor, anterior al actual de 1618.

> «(...) algunas vezes se avía allí tratado para que se quitase la imagen más baxa de Nuestra Señora que estaua en el altar mayor, en el retablo, y nunca auía

auido efecto, avnque se acordaua que se quitase. Y que agora, pues auían hecho la imagen de nuestro padre Sant Jerónimo para poner allí, en lugar de dicha imagen de Nuestra Señora, que se quitaua, y si avían por bien que allí, en su lugar, se pusiese la dicha imagen de nuestro padre Sant Jerónimo, pues estaua tan bien hecha y para la poner allí se avía obrado (…)».

Hoy se desconoce el paradero de aquella copia, conocida como la Virgen de la Reja, perdida en el siglo XIX durante los avatares franceses o en la posterior desamortización. De esta réplica no se ha vuelto a tener constancia hasta la fecha, como explica fray Javier Córdoba de Julián, sacristán mayor del Real Monasterio, en una de las conversaciones mantenidas en 2020 con el autor de esta publicación.

De otro lado, en el oratorio particular de la Comunidad Franciscana del Real Monasterio se expone al culto privado de los frailes de Guadalupe una réplica de la imagen. Dispuesta en una pequeña hornacina, es una copia exacta de la original, eso sí, sin vestidos ni alhajas. Tiene el mismo tamaño y los mismos defectos y policromía que María Santísima, a excepción de una corona almenada añadida a esta copia de la talla románica original.

Esta imagen es de 1984, fecha de la restauración dirigida por el profesor Francisco Arquillo. Se realizó en fibra de vidrio por razones de seguridad, para contar con una réplica lo más fiel posible a la primitiva. Para estos trabajos intervino un equipo multidisciplinar de la Universidad de Sevilla, que además del molde, estudió e investigó la policromía para reproducir los colores exactos de la escultura románica.

Además, existen otras tantas réplicas en capillas de devoción particular o en hermandades y cofradías. Por ejemplo, la Real Asociación de Caballeros de Santa María de Guadalupe cuenta en su sede de la calle Barrero de este municipio con una copia realizada por el escultor rumano Tiberio Mateu en el año 2011. Esta copia está tocada a la talla original, lo que le dota de un mayor valor sacro y espiritual.

Izquierda: Virgen de Guadalupe en 1984 antes de la restauración dirigida por el profesor Francisco Arquillo Torres. Derecha: Virgen de Guadalupe tras la restauración dirigida en 1984 por el profesor Francisco Arquillo Torres.

Izquierda: Nuestra Señora de Guadalupe en su talla original con el Niño Jesús en su regazo. Esta fotografía es antes de la restauración de 1984. Derecha: Nuestra Señora de Guadalupe en su talla original con el Niño Jesús en su regazo tras el proyecto de conservación y restauración de 1984.

Izquierda: Esta imagen se realizó en 1984 durante el proceso de restauración de la talla románica de María Santísima. En la actualidad se expone en el oratorio particular de la Comunidad Franciscana. Derecha: En la sede de la Real Asociación de Caballeros de Santa María de Guadalupe se entronizó en 2011 esta copia del escultor Tiberio Mateu.

Izquierda: Imagen realizada por el escultor lucentino Pedro Antonio Fernández Valcárcel, se bendijo en 2017 a las plantas de la Virgen de Guadalupe en su camarín del Real Monasterio. Derecha: Virgen de vestir o de candelero de la Virgen de Guadalupe el día de su presentación en la Basílica de Nuestra Señora del Prado de Talavera de la Reina, ciudad donde se venera desde el año 2019. Es una obra de fray Javier Córdoba de Julián.

El escultor lucentino Pedro Antonio Fernández Valcárcel ha trabajado en los últimos años en esta iconografía con muy buen resultado. En enero de 2017 presentaba a la Comunidad Franciscana del Real Monasterio de Guadalupe la réplica de la Virgen que hoy venera en su oratorio particular y que talló en 2015 tras un largo y minucioso proceso de estudio e investigación sobre las características formales, estilísticas e iconográficas del Románico y, en concreto, de la Virgen de Guadalupe.

Otra de las copias que se han sacado a la luz se encuentra desde marzo de 2019 en Talavera de la Reina (Toledo), en el interior de un monumento-templete en plena vía pública impulsado por la Asociación Fray Hernando de Talavera con el fin de dar a conocer y revitalizar los doscientos cincuenta y siete kilómetros del Camino Real de Guadalupe que parte de la Iglesia de San Jerónimo el Real en Madrid, pasa por Talavera de la Reina, y continúa hasta la Villa y Puebla.

Esta réplica es un obsequio de la Comunidad Franciscana a la ciudad de la cerámica y su autor es fray Javier Córdoba de Julián. Tal y como cuenta, esta imagen es de barro cocido y de vestir, de las llamadas imágenes de candelero, es decir, tan solo están modeladas y policromadas las partes visibles de la escultura, como son el busto y las manos, y la imagen del Niño.

Esta obra guarda una bella historia, ya que no es de factura reciente. «Realicé esta imagen años atrás cuando representábamos el auto de fe "Luz en la Sierra", es la escenificación de la historia y de la aparición de la Virgen al pastor Gil Cordero», cuenta el sacristán mayor del monasterio, además de recordar cómo para la escena en sí de la aparición «necesitábamos una Virgen, y tuve que hacer esta que ahora se encuentra en Talavera de la Reina».

A modo de apunte, cabe añadir que «Luz en la Sierra» se escribió con motivo del 50 Aniversario del Patronazgo de la Virgen de Guadalupe sobre Extremadura, que en 1957 coincidió con la celebración de un Año Jubilar Guadalupense. Su autor es fray Sebastián García Rodríguez con música del maestro Alfonso Moreno Collado.

LA DESCRIPCIÓN DE FRAY SEBASTIÁN GARCÍA RODRÍGUEZ

Por su valor descriptivo y en homenaje al que fuera archivero y bibliotecario durante décadas del Santuario de María Santísima de Guadalupe cabe reseñar la descripción que fray Sebastián García Rodríguez realiza de la escultura a partir del fondo franciscano del monasterio y, en concreto, del legajo sesenta y uno, «Acta del descubrimiento de la Sagrada Imagen de Nuestra Señora de Guadalupe y descripción de su estado primitivo, 24 de marzo de 1924» y del legajo diez número 1 «Memoria *"Opus Sancta Dei Genitrix"*, sobre la consolidación de la imagen, de 20 de febrero de 1968, elaborada por don Sebastián de la Torre Arredondo». Dice así:

> *Viste túnica de color verde-oliva, con vueltas en rojo bermellón, sobrecuello imitando bordado en hilo, puños de las mangas dorados y manto de color ocre-marrón. Presenta la mano izquierda entreabierta y caída sobre la rodilla del mismo lado. La mano derecha primitiva fue sustituida en el siglo XV por la que actualmente tiene, de distinto arte, hecha para empuñar el cetro, que le colocaron al vestirla; la unión de esta mano con el corte dado a la primitiva aparece cubierta por un aro de oro.*
>
> *Muestra la imagen los pies calzados con zapatos puntiagudos de color negro, pisando, no el estrado de su sede, sino una pradera o huerto cerrado, de verde frescor símbolo de su vida interior, mística. Ostenta un velo o toca de color blanco, con vueltas en bermellón, que desde la cabeza baja a los hombros. Un reducido escote se aprecia en el cuello, de color carne. Como decoración de sus vestiduras exhibe Nuestra Señora cuatro flores tetralobuladas, dos en el pecho y una debajo de su mano derecha, símbolo de su triple virginidad: antes del parto, en el parto y después del parto y la otra en la parte inferior de su túnica, signo de su poder celestial.*
>
> *El Niño es una talla sedente, del mismo estilo, época y autor que la Madre. Mide veintitrés centímetros de alto y pesa doscientos cinco gramos. Está sentado, como en su trono, en el regazo de la Virgen Madre, recostada la cabeza entre los pechos maternos. Viste túnica sencilla de color rojo acarminado, con estampaciones*

doradas y sobrecuello bordado imitando hilo, también dorado, y manto de color ocre, con estampaciones de flores trifolias.

La mano derecha del Niño es de plata, labrada en el siglo XV en sustitución de la primitiva, y está en actitud de bendecir. La izquierda, casi en relieve, sostiene sobre la rodilla del mismo lado el Libro de la Vida, más pintado que tallado, encuadernado en rojo y con decoración geométrica de entrelazo. El manto cae sobre su hombro izquierdo, llega hasta las rodillas y, en el derecho, cae por la parte posterior de la imagencita.

Tiene los pies enteramente descalzos. Muestra el Niño rostro de adulto, como Pantocrátor y Maestro. La cabellera, en forma de melena, cae ondulada sobre su cuello, de color carne. Presenta en su parte posterior, toscamente labrada, un pequeño declive que facilita su acoplamiento en el regazo materno. Nuestra Señora de Guadalupe en esta talla románica aparece vestida con saya, manto y toca, y ataviada con corona y cetro desde el siglo XIV. Sostiene junto a su pecho al Hijo, ataviado con manto de dignidad y tocado con regia corona. Todo esto en una efigie lígnea, que con el Niño constituye un conjunto armónico de dos figuras encajadas anatómicamente, realizado con medios humildes, muy en consonancia con el lugar escogido como centro de su veneración.

LOS ANÁLISIS DEL SIGLO XX, LA TÉCNICA AL SERVICIO DEL ARTE

Uno de los análisis iconográficos realizados a la imagen en el siglo XX lo firma el profesor José Hernández Díaz en 1975. Sus impresiones acerca de la Virgen de Guadalupe desde un prisma artístico y escultórico pueden leerse en «Iconografía de Nuestra Señora de Guadalupe» de Joaquín Montes Bardo, un volumen prologado por el profesor y en el que apunta cómo pudo estudiar detenidamente la imagen «desprovista de todos los adminículos que la encubrían, en inefable ocasión, durante la madrugada del 10 de agosto del citado año de 1975».

En ese encuentro con la talla románica, el académico José Hernández Díaz reitera que la Virgen de Guadalupe se sitúa «en las postrimerías del siglo XII, en pleno periodo protogótico, cuando los monjes del Císter, adoctrinados por San Bernardo de Claraval, propugnaban el culto a la Realeza de la Madre de Dios y de los hombres».

También aporta datos interesantes el autor Joaquín Montes Bardo, otro de los investigadores que ha tenido la oportunidad de analizar la imagen de María Santísima sin sus habituales vestiduras, para concluir que la Virgen de Guadalupe se enmarca, sin atisbo a dudas, en el grupo de vírgenes negras de Europa Occidental, inspiradas en el Cantar de los Cantares: «Tengo la tez morena, pero hermosa, muchachas de Jerusalén, como las tienda de Cadar, como los pabellones de Salomón. No os fijéis en mi tez oscura, es que el sol me la ha bronceado» (Cap. 1, versículos 5 y 6).

Que la Virgen de Guadalupe y el Niño presenten su rostro negro es con gran probabilidad una concepción original frente a los dichos populares que mantienen que el oscurecimiento de la tez de estas vírgenes se debe al humo de las velas y de las lámparas de promesas y ofrendas de los fieles, o a su enterramiento prolongado y antigüedad.

No obstante, el profesor Joaquín Montes Bardo apunta a que su cuello, a diferencia de su rostro y manos, muestra una encarnadura de piel clara, lo que puede hacer pensar que, con anterioridad a que la Virgen fuera vestida con ricos mantos, tuviera otra tonalidad, otra policromía. Una teoría que también documenta en 1984 el académico y catedrático Francisco Arquillo Torres.

LA RESTAURACIÓN DE FRANCISCO ARQUILLO TORRES

Otros datos certeros sobre la imagen son su altura, sin peana, sumando un total de sesenta y dos centímetros, y el peso, cercano a los cuatro kilos. Los aporta en 1984 otro profesor y académico que tuvo el privilegio y la responsabilidad de analizar el estado de conservación de la imagen y llevar a cabo su restauración. Hablamos de Francisco Arquillo Torres, catedrático de Restauración de la Facultad de Bellas Artes de Sevilla y toda una institución en sí mismo en el campo de la conservación y restauración de bienes artísticos y patrimoniales.

Por sus manos han pasado las grandes devociones del país, como la Virgen de los Reyes o María Santísima de la Esperanza Macarena, ambas de Sevilla, así como la Virgen de Regla, patrona de Chipiona y también bajo custodia franciscana.

El profesor Francisco Arquillo Torres recibió una llamada del superior del Monasterio de Santa María de Guadalupe ya que este había sido padre superior del Monasterio de Santa María de la Rábida en Huelva y tenía excelentes referencias de los trabajos dirigidos y realizados por el profesor en materia de conservación y restauración del patrimonio sacro andaluz.

Este franciscano consideró que el académico era la persona adecuada para acometer la restauración de una imagen de excepcional valor artístico e histórico y de arraigada devoción popular, incluso más allá de nuestras fronteras, como es la Virgen de Guadalupe, patrona de Extremadura.

Como apunta la doctora en conservación y restauración Aránzazu Nava Arquillo en su tesis precisamente sobre la figura del maestro Francisco Arquillo Torres, el dictamen técnico y el proyecto de trabajo fue aprobado por la Comunidad Franciscana en Madrid y los trabajos se llevaron a cabo en el propio monasterio, donde el profesor permaneció con su equipo durante casi un mes.

Según ha contado el propio académico a la doctora Nava Arquillo, la restauración de la imagen supuso para él una de las responsabilidades más señaladas de su dilata vida profesional, no solo por la importancia de la imagen, sino por el preocupante estado de conservación que presentaba.

En su informe técnico respecto a María Santísima de Guadalupe, el profesor dejó constancia de lo siguiente, como se publicó bajo su firma en la revista «Guadalupe» del año 1985, un año después de la restauración:

> *Las operaciones más trascendentes sufridas por la imagen consistieron en la mutilación de una supuesta corona almenada; en el relleno de la cabeza con mortero de yeso y trozos de madera clavados en el original para obtener la nueva configuración para la adaptación de una corona sobrepuesta; en los suplementos de los costados y la espalda con piezas clavadas sobre la policro-*

> *mía, extendiéndose esta última desde la cintura hasta el relleno posterior de la cabeza; en la sustitución del brazo derecho de la Virgen por otro más acorde con la actitud requerida por la nueva disposición del conjunto, pero con caracteres estilísticos discordantes con el concepto estético general; y en el cambio del brazo derecho del Niño por uno de plata, que igualmente disiente estilísticamente del resto.*

En cuanto a la intervención, tal y como recoge el informe técnico de la actuación, consistió en:

> *Recopilación de datos; toma de muestras; fijación de la policromía mediante cola animal; eliminación de los rellenos de pasta que recubrían la policromía original; tratamiento insecticida y consolidación; eliminación del producto consolidante aplicado en una intervención anterior en el año 1967 y la protección de la madera descubierta. Se eliminaron las piezas de madera añadidas en la espalda y en los costados y el casquete de mortero que cubría la cabeza. La reintegración se realizó con colores al agua con diferentes criterios según las zonas. En las zonas vistas se llevó a cabo una reintegración cromática muy ajustada al tono y perceptible a corta distancia. Las zonas que no eran visibles se utilizó un criterio de diferenciación de rayados y punteados sobre una tinta plana a bajo tono. En las zonas que fue posible se reconstruyó el dibujo decorativo de manto y trono. Por último, se aplicó una protección final.*

UNA FÉRREA VINCULACIÓN EN PRO DEL PATRIMONIO

Esta no fue la primera vez que el profesor «sanó» una obra de arte en Guadalupe. Años atrás, y podemos afirmar que fue su primera intervención, llevó a cabo la restauración del óleo sobre lienzo de la sacristía del Santuario en el que se representa a fray Gonzalo de Illescas, obispo de Córdoba, datado en 1639 y firmado por Francisco de Zurbarán. Este encargo le llegó gracias a su plaza en el Instituto de Conservación y Restauración de Obras de Arte, Arqueología y Etnología de Madrid, una oposición aprobada en 1963, tal y como apunta la doctora Nava Arquillo.

Pero aún hay más. Después de la restauración de la Virgen de Guadalupe las relaciones con la comunidad franciscana continuaron, esta vez con campañas de verano con alumnos y alumnas de Bellas Artes. Esta primera campaña se realizó en 1985 y consistió en la restauración de las pinturas murales del camarín de la Santísima Virgen. La grata experiencia de esta campaña, los óptimos resultados y la petición de la comunidad franciscana para continuar con este tipo de colaboración, estimuló a profesores y estudiantes para proseguir con las campañas estivales.

Así, en la celebrada en el verano de 1986 el trabajo se centró en las pinturas de los paramentos verticales del Relicario y Tesoro, y en 1987 se intervino en la pintura de la cúpula en la que se descubrió el nombre del autor: Miguel López.

Años más tarde, en 1991, el profesor regresaría a Guadalupe para participar en el congreso «Guadalupe de Extremadura: dimensión hispánica y proyección en el nuevo mundo» en el que dio cuentas de la intervención realizada a la imagen en el año 1984.

En aquella jornada, como recoge Aránzazu Nava Arquillo, el académico era consciente de la repercusión que tendría el hacer público el descubrimiento realizado durante la restauración, referente al color del rostro, por lo que intentó, apoyado en una amplia documentación científica, técnica y fotográfica, demostrar que bajo la encarnadura de color oscuro existía otra sonrosada de tonalidad más clara.

Al comenzar la proyección de las diapositivas del estudio estratigráfico demostrando esta circunstancia el presidente de la mesa le interrumpió diciendo que este tipo de información no entraba en los fundamentos y objetivos del congreso, y que por tanto se limitara a exponer el proceso de restauración seguido. El profesor abrevió la exposición dando por concluida su participación en escasos minutos.

Días después recibió la llamada telefónica de quien presidía el acto para justificar su actitud, diciéndole que el objetivo era no sembrar la intranquilidad en los devotos cambiando lo que la tradición había instituido a través de los siglos. Posiblemente, escribe la doctora Nava Arquillo, el contacto fue a instancia del Superior del monasterio, tal y como intuía el profesor, ya que mantenían una relación excelente.

LAS OTRAS INTERVENCIONES DEL SIGLO XX

De otro lado, cabe destacar que las intervenciones realizadas a la imagen en el ámbito de la conservación y la restauración en el siglo XX han quedado exhaustivamente informadas y documentadas, siendo la primera de ellas meses antes de la coronación del 12 de octubre de 1928.

Como recoge el «Acta del Descubrimiento de la Sagrada Imagen de Nuestra Señora de Guadalupe y descripción de su estado primitivo», la imagen se reforzó mediante la colocación de una serie de aditamentos para hacerla resistente al peso de la nueva corona del orfebre Félix Granda. Estos trabajos, como explica el padre Sebastián García, se realizaron bajo la supervisión y la atenta mirada de fray Germán Rubio, Félix Granda, Manuel Menéndez y fray Carlos Gracia Villacampa.

Otra de las intervenciones del siglo XX corrió a cargo del equipo técnico dirigido por Sebastián de la Torre Arredondo y su hijo, Sebastián de la Torre Fernández de Soto, quienes realizaron sobre la efigie un trabajo de desinsectación y consolidación en el año 1967.

Años más tarde, en 1971, como hemos visto, Joaquín Montes Bardo analizaría la efigie dando como resultado su tesis doctoral prologada por el catedrático emérito de Arte e Iconografía de la Universidad de Sevilla José Hernández Díaz, quien también pudo realizar una inspección visual sin intervención el 10 de agosto de 1975.

Cierra este siglo, al menos que haya trascendido, Francisco Arquillo Torres y su equipo de profesionales compuesto por Joaquín Arquillo, Silvia Martínez y Juan Abad con la actuación de 1984. La primera toma de contacto con la imagen fue el 3 de enero del mencionado año.

3. EL AJUAR DE UNA REINA

GUARNECIDA DE ALJÓFAR, REVESTIDA DE PLATA

La Dinastía de los Habsburgo en España marca un punto de inflexión en la costumbre de adaptar las imágenes de bulto redondo para vestirse. María Santísima de Guadalupe no es ajena a esta nueva forma de presentar ante los fieles a la Madre de Dios, aunque en su concepción iconográfica original carecía de mantos y ropajes presentándose siempre como talla completa.

La Casa de Austria o Dinastía de los Habsburgo se instaura en España con la proclamación como rey de Carlos I en 1516. Pues bien, al menos un siglo y medio antes de esa fecha María Santísima de Guadalupe ya era revestida con mantos, sayas y tocas, además de usar corona, cetro y rostrillo. Esta afirmación se sustenta en el inventario de bienes que la Orden Jerónima recibe al hacerse responsable del Real Monasterio por encargo del rey Juan I de Castilla en 1389, un documento en el que se constata la existencia de ricas telas para exornar la imagen de la Virgen, adelantada así a la costumbre asentada por los Habsburgo.

Este inventario lo mandó hacer el último prior seglar del monasterio el 30 de octubre de 1389, el sevillano D. Juan Serrano, que con posterioridad fue obispo de Segovia y Sigüenza, pidiendo lo enterrasen en Guadalupe, a cuya factura donó diversos bienes.

Que María Santísima de Guadalupe ya era vestida con ricas telas con anterioridad al año 1389 también viene avalado por el estilo y la calidad de la saya y del manto más antiguo que hoy se conserva en el monasterio. Es un conjunto calificado de antiquísimo, de estilo mudéjar, ribeteado en verde con motivos vegetales bordados en sedas de colores e hilo de oro.

Esta filigrana bordada presenta motivos florales y hojarasca estilizada y entrelazada que recubren el tejido en toda su extensión con un planteamiento similar al *horror vacui* de las yeserías mudéjares, un textil en el que destacan los tonos dorados, junto a los verdes y rojos de los hilos de seda.

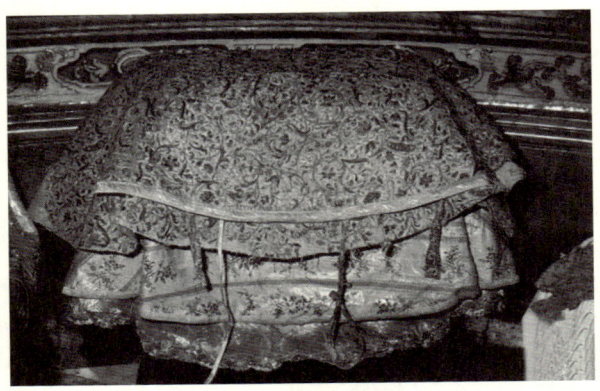

Reliado de textiles y mantos «viejos» que hasta 1984 servían para rellenar y dar forma cónica a los mantos bordados con los que se viste a la Virgen de Guadalupe. El superior es el manto mudéjar, el más antiguo de cuantos se conservan y están en uso.

Como ya hemos visto, la Virgen de Guadalupe responde al modelo de Virgen Majestad, *Kyriotissa*, que nos presenta a su Hijo. Al transformarla para vestir la única variante iconográfica que se introduce es que, si antes aparecía sentada, al vestirla se levanta, resultando una Virgen Majestad de pie, pero con la misma actitud hierática. Esta transformación es habitual en otras devociones marianas como la Virgen de Regla de Chipiona (Cádiz) o la Virgen de Gracia de Carmona (Sevilla); también lo fue en la Virgen de Atocha de Madrid cuando era revestida con ricos mantos y telas, entre otros iconos marianos, como la Virgen de la Esperanza de San Cipriano de la ciudad de Toledo, que se presenta a los fieles en su retablo revestida durante una época del año y otro periodo como talla románica del siglo XIII.

En cuanto a la transformación para revestir a María Santísima de Guadalupe podemos afirmar que es sencilla y que se ha mejorado con el paso de los años gracias a las indicaciones del académico Francisco Arquillo Torres y al Taller de Orfebrería Villarreal (Sevilla) al que la Comunidad Franciscana encargó a principios de los años ochenta un «traje de plata» que hoy recubre la imagen, a la par que sirve de estructura para dar forma triangular a los mantos.

Esta estructura no es más que un manto y una saya de plata sobre la que posan los textiles, además sirve para proteger la imagen, salvaguardando el patrimonio material, es decir, la propia talla y sus ropajes, y el patrimonio visual, que podemos definir como el resultado final y estético que presenta la Santísima Virgen ante los fieles.

Este «traje de plata» que María Santísima de Guadalupe siempre lleva bajo los mantos y sayas se cinceló en láminas elaboradas con la plata que se ofreció a la Santísima Virgen tras la victoria en la Batalla del Salado, que se disputó en el año 1340. Un dato más que la tradición popular ha legado al rico imaginario guadalupense, pero que resulta inviable ya que, del tesoro de aquella época, y así lo corrobora la Comunidad Franciscana, no se conservó ningún material noble tras la Guerra de la Independencia Española (1808-1814), cuanto menos hasta el siglo XX.

Anterior a esta pieza y estructura de plata, la imagen ya se presentaba a los fieles con el manto en forma triangular gracias al reliado de varios textiles antiquísimos que hacían de relleno de la pieza bordada o de damasco y brocado con los que el público contemplaba a María Santísima. Esto fue así hasta la restauración de 1984 dirigida por el profesor Francisco Arquillo Torres.

María Santísima de Guadalupe revestida con el manto más antiguo conservado antes de la restauración dirigida por fray Javier Córdoba de Julián, finalizada en 2014. Es un tejido mudéjar con motivos vegetales entrelazados de gran riqueza y valor histórico.

Virgen de la Esperanza de San Cipriano, Toledo, revestida con uno de los mantos «ricos» de su ajuar.

La Virgen de la Esperanza de San Cipriano dispuesta en el retablo como talla completa sobre su trono y ráfaga. La orfebrería se ha restaurado en 2020 en el taller Orovio de la Torre de Torralba de Calatrava, Ciudad Real.

BORDADOS Y TEJIDOS PARA UNA REINA

En el ajuar de María Santísima de Guadalupe destacan numerosos mantos y sayas tanto por su valía artística e histórica, como devocional, que en conjunto forman uno de los ajuares más ricos y valiosos de cuantas devociones marianas podemos calificar de universales. El vestido rico de la Comunidad, el de Isabel Clara Eugenia o el de fray Cosme de Barcelona, son tres de los de mayor suntuosidad, sin obviar el conocido como de la cenefa marrón.

Es precisamente el término de *cenefa o galón* el que caracteriza, sin duda, la forma de ataviar a María Santísima en Las Villuercas. Los mantos y sayas siguen en su patrón, diseño y bordado una característica común: la dimensión y el diseño de los galones perimetrales que bordean cada una de las piezas bordadas, y que en contadas ocasiones vemos en otras devociones marianas, por lo que podemos decir que es una seña de identidad de la Virgen de Guadalupe.

Estos ternos no han sido ajenos a los avatares de la historia, como tampoco lo fue el propio monasterio y cuántos tesoros artísticos y documentales se custodiaban entre sus muros. Un ejemplo lo encontramos en la invasión francesa a España (1808-1814) cuando tres de los mantos de María Santísima de Guadalupe «uno blanco y dos encarnados», como escribe fray Diego de San José en el Libro de Cuentas Generales del Oficio de la Sacristía del monasterio, tuvieron que enviarse a Sevilla y de allí a Cádiz para finalmente custodiarse en Madrid y evitar su expolio. Los mantos regresarían a Guadalupe el 22 de junio de 1813, pero echando en falta una serie de piezas y enseres como una toca de sobremanto, dos broches con perlas y piedras preciosas de sendos mantos y otras tantas piezas del ajuar litúrgico del monasterio, como dos frontales de altar «de los más ricos, uno bordado en imaginería y cuajado de perlas y el otro bordado de punto de examen, ambos blancos», que se habían enviado a Sevilla y de allí a Jimena, obispado de Cádiz.

Las vicisitudes del siglo XIX en torno al patrimonio del monasterio y de la Santísima Virgen no acaban aquí. La incautación y traslado de vestidos tuvo también otra fecha clave en años posteriores a la Guerra de la Independencia. El Marqués de Siete Iglesias describe el traslado de los tres mejores mantos de nuevo en 1822 y en 1837, lo explica en uno de los artículos publicados en la revista *Guadalupe*, donde afirma que en esta primera exclaustración de 1822 los vestidos ricos salieron para Badajoz, de allí regresaron al poco tiempo, no sin que sufrieran alguna depreciación, como apuntan en el inventario recogido en el Códice 86, en el que se explica que «el vestido más rico de Nuestra Señora, adornado de diamantes y perlas, presenta algunas faltas».

La exclaustración definitiva de la Comunidad Jerónima en 1835 también tuvo sus consecuencias patrimoniales, estudiadas por el franciscano Germán Rubio, quien afirma que en 1837 los tres mantos ricos pasan a Cáceres, quedándose al uso de la Virgen de Guadalupe el conjunto bordado por fray Cosme de Barcelona. En el inventario de entrega se anota que el vestido rico por antonomasia está falto de veintitrés diamantes con sus basas de oro.

Desde Cáceres se depositarían en la Casa de la Moneda de Madrid, y en 1842, por Real Orden del entonces regente del reino, Joaquín Baldomero Fernández-Espartero Álvarez de Toro, se distribuyen, pasando el rico de perlas a Zaragoza a la Virgen del Pilar; el de la infanta Isabel Clara Eugenia, reformado por fray Cosme de Barcelona, al ajuar de Nuestra Señora de Atocha de Madrid, y el de la cenefa marrón a Valencia para Nuestra Señora de los Desamparados, devuelto por los valencianos de manera casi inmediata al comprobar que las hechuras del terno no casaban con las dimensiones de la Mare de Déu «la Geperudeta».

Esto no sucedió con los otros dos mantos depositados en Zaragoza y en Madrid. Fue el Ayuntamiento de Guadalupe el que en el año 1844 demandó por escrito estos dos mantos de María Santísima. Unos meses más tarde, el 4 de marzo de 1845, los mantos regresaban al monasterio. Para celebrarlo se programaron grandes factos religiosos y populares, música y fuegos artificiales.

Con estos dos mantos de nuevo en el joyel de la Santísima Virgen, junto al de la cenefa marrón, devueltos años atrás desde Valencia, y el que jamás salió del monasterio tras la exclaustración definitiva de la Comunidad Jerónima —el manto de oro de fray Cosme de Barcelona bordado en 1790 y enriquecido con perlas y aljófares de un vestido anterior de los años 1551 y 1558— la Virgen de Guadalupe recuperaba sus mantos ricos.

Además, gracias al Libro de Cuentas del año 1854 conocemos que fray Juan Molinos, presbítero monje exclaustrado del monasterio, donó la cantidad necesaria para restaurar el manto de la Comunidad y reponer los diamantes y perlas perdidos en la primera exclaustración de 1822.

Estos trajes ricos que la imagen luce en ocasiones concretas y solemnidades se asemejan en técnica y diseño a los trajes que hoy se conservan en el Imperial Monasterio de San Clemente de la ciudad de Toledo, donados por Isabel de Valois e Isabel Clara Eugenia para el atavío de la Virgen del Rosario con el Niño expuesta en el coro monacal toledano.

La primera pieza, de la segunda mitad del siglo XVI, es una saya de terciopelo rojo, bordada en hilos de oro, plata y pequeñas lentejuelas con diversos puntos formando un esquema romboidal, a la que siguen otras dos piezas que constituyen el traje femenino tradicional de la corte española del siglo XVI, con un cuerpo escotado terminado en pico que se superpone a la falda, culminando con mangas de punta en forma de triángulo sujetas con botones de orfebrería. A la riqueza del tejido se suma la guarnicionería de este con granates, piedras verdes y botones de oro y esmaltes.

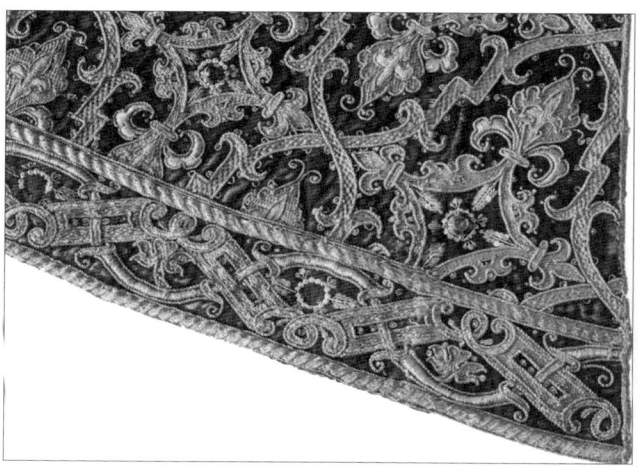

Detalle del terno donado por Isabel de Valois a la Virgen del Rosario del Imperial Monasterio de San Clemente de Toledo.

De otro lado, y con gran similitud al vestido que Isabel Clara Eugenia de Austria donase a la Virgen de Guadalupe, bordado en 1629, cuatro años antes de su muerte, es la segunda pieza conservada en el monasterio toledano. Y es que la contabilidad de Isabel Clara Eugenia arroja abundantes noticias sobre sus donaciones de trajes a diversas imágenes marianas mientras está en la corte paterna, es decir, hasta 1599.

Los trajes de corte quedaron plasmados en los retratos firmados por pintores como Juan Pantoja de la Cruz o Alonso Sánchez Coello, aunque estos conjuntos textiles para el atavío de imágenes solían confeccionarse *exprofeso* para las esculturas. Eso sí, los encargados de ello eran los mismos sastres, bordadores y cordoneros que realizaban los trajes cortesanos para la joven Isabel Clara Eugenia.

Entre los nombres que han transcendido de estos talleres están el del sastre René Gemeli o el del bordador Lucas de Burgos. El vestido donado por la hija de Felipe II a la Virgen de Guadalupe presenta en la actualidad una serie de modificaciones, a excepción de la toca de sobremanto, sembrada de lentejuelas de oro y 947 perlas de tamaño medio y 524 pequeñas.

Las otras piezas de este conjunto, es decir, el manto y la saya, así como el traje del Niño, fueron modificados en la restauración llevada a cabo en 1795 por fray Cosme de Barcelona, enriqueciendo el tejido con adornos de plata sobredorada y piedras de engaste extraídas del manto rico de la Comunidad. Estas piedras desaparecieron durante la exclaustración monástica definitiva de la Comunidad Jerónima en 1835 y en su lugar se colocaron los espejuelos que ahora luce.

Vestido de Isabel Clara Eugenia que se conserva en el Imperial Monasterio de San Clemente de Toledo como atavío mariano.

El manto rico de la Comunidad es otra de las joyas del patrimonio textil de María Santísima de Guadalupe. Este manto fue bordado en 1790 por fray Cosme de Barcelona y sus ayudantes, guarnecido con perlas y aljófares de un vestido anterior del siglo XVI.

Según la descripción recogida en el estudio histórico-artístico de los bordados del monasterio, está formado por doscientas cuarenta y tres piezas de oro, labradas con puntas de diamantes y aljófares procedentes del manto de Isabel Clara Eugenia. Fray Cosme de Barcelona siguió para este bordado el dibujo del orfebre del rey Carlos III, Juan Bautista Ferroni.

En este trabajo contribuyeron con sus puntadas y buen hacer el maestro bordador madrileño Manuel Faz y sus oficiales Juan Antonio, Juan Serrano, Rafael Elvis y Santiago Jervones, además del entonces aprendiz del arte del bordado guadalupense Juan Peña Mora, natural de la localidad y en ese momento con veinte años.

Este manto y saya lleva bordado el anagrama «Ave María» en repetición con aljófares y perlas que forman la inscripción entrelazada A. M. Este material procede de un vestido ofrecido a María Santísima por los monjes jerónimos en 1551 y enriquecido en 1588 con media libra de perlas y otra media libra de aljófares que envió Felipe II.

A estos ternos primitivos de la Virgen de Guadalupe se suma un tercero de gran riqueza y valor al presentar un nuevo estilo en el ajuar de la Santísima Virgen. El bordador fray Cosme de Barcelona acomete en 1766 y en Madrid un nuevo conjunto bordado en oro y plata a realce, siendo el primer manto del joyel ejecutado con esta técnica. Las piezas bordadas se disponen sobre fondo de *yapar*, enriquecidas con lentejuelas de oro y canutillo. Los roleos vegetales y la ornamentación floral del diseño asemejan esta pieza a la producción de la escuela andaluza, prolífera en el arte del bordado.

De nuevo el conjunto lo forman un total de cuatro piezas: manto, saya o delantal, toca de sobremanto y traje o manto del Niño. En este terno se encontró un testimonio escrito entre los pliegues de la toca que dice textualmente: «Se bordó en Madrid, en casa de Dn. Joseph Ensenugat, bordado por Fr. Cosme de Barcelona, profeso desta Santa Casa, era prior fr. Bartolomé de Quintana, en 1766». Además, al dorso aparece la siguiente anotación: «Luis Bada, Manuel y Ribas».

El cuarto manto rico es el mencionado como vestido de la

cenefa marrón bordado por Juan Peña Mora y José Rivas de Valeriano entre 1807 y 1809. Se realizó en el taller del monasterio por estos dos maestros influenciados en el diseño por su antecesor, fray Cosme de Barcelona. Este manto es considerado una de las últimas obras maestras del bordado guadalupense.

El conjunto presenta bordado un galón perimetral ricamente ejecutado, simétrico a base de cuadrados y geometrías, seña de identidad del ajuar de la Virgen de Guadalupe, mientras que la superficie está salpicada de flores y hojarasca en hilos de oro, plata y sedas.

De los mantos de la Santísima Virgen de Guadalupe nos legó varias aportaciones interesantes en su historia de la Virgen y del monasterio fray Juan de Malagón, llegando a apuntar que «los vestidos de la madre de Dios son muchos y tan ricos como hermosos, anda su librea con la del altar mayor, y múdala cuando él la muda, dejó de contarlos, y describirlos, porque mé quéde papel para pintar dos no más».

En su relato, fray Juan de Malagón ofrece al lector una descripción detallada de dos de los mantos existentes ya en la fecha de este manuscrito, en 1672, como es el conjunto de la infanta Isabel Clara Eugenia:

> «La serenísima infanta Doña Isabel Eugenia, echó el resto en un vestido, que es el príncipe entre todos, presentóle desde Flandes, año de mil seiscientos y veinte y nueve; es la admiración de las gentes, y más de quien sabe en que consiste lo rico, y precioso de él, está sobre tela azul el manto, y sobre blanca la saya, cuéntase en él doscientos y cincuenta asientos de oro en que se engastan entre ricas perlas, otros tantos finísimos diamantes labrados en punta, con otros tantos hermosos trozos de cañutillo cuajados de grueso aljófar; muchos asientos de rostrillas con perlas finas. Hacen harto en no deslucir esta riqueza las flores que tiene bordadas al natural con tanto primor, y con tan vivos matices, que no habrá pincel que pueda imitar su valentía».

O del primer manto rico de la Comunidad ofrecido en 1551 y enriquecido en 1588, que fray Juan de Malagón detalla así:

> «Ha hecho otro la casa, habrá nueve años, que para echar de una vez su riqueza y coloridos, digo que se

> *miran los dos con emulación, sirve uno un año, y otro, para que no tengan celos, en la procesión de la fiesta de Septiembre, y si se ofrece alguna irregular ocasión de bajar la Santa Imagen, como cuando se hizo por mandato de su Majestad nuestro gran Rey, y Monarca Felipe Cuarto para que se quietase, como se quieto aquel día, la peste de la gran Sevilla purificando como otra vez en Roma los inficionados aires».*

LA COLECCIÓN DE BROCADOS, DAMASCOS Y BORDADOS

A estos mantos señalados y en los que nos hemos detenido se suman numerosas piezas textiles que no por carecer de una antigüedad centenaria son menos importantes. El ajuar de María Santísima se completa con mantos y sayas elaboradas en ricos brocados y damascos, también bordados contemporáneos, y otras telas que han llegado a Guadalupe como ofrenda y por devoción de los fieles.

El ajuar se ha ido conformando atendiendo también a los tiempos litúrgicos y fiestas de la Santa Madre Iglesia, en las que María Santísima luce con un color u otro siempre con relación a la liturgia del momento. Así, para sus días grandes de septiembre y octubre siempre veremos a la Virgen de Guadalupe con los ternos regios ricamente bordados, mientras que en tiempo ordinario la imagen se presenta al pueblo con estos otros mantos, legado de la devoción.

Entre esas piezas destaca el terno blanco restaurado por la bordadora Francisca Rubio, confeccionado sobre seda en tono marfil con tisú de oro y plata allá por el siglo XVIII. En esta línea existen otros tantos mantos y sayas elaborados de manera minuciosa y casi geométrica con ricos brocados y damascos a los que siempre se circunde con el galón o cenefa que hemos identificado como una de las señas inequívocas del ajuar guadalupense.

A lo largo de la historia, figuras de la nobleza han tenido a bien ofrecer a la Virgen de Guadalupe conjuntos para engrandecer su ajuar, es el caso de la condesa de Vía Manuel, María Isabel Manuel de Villena y Álvarez de las Asturias, que ostentó el título nobiliario de 1874 a 1929 siendo la única mujer hasta la fecha en poseer dicho título. Este terno se elaboró a partir de un traje de corte con bordados en plata sobre seda gris perla estrenándose en 1917, confeccionado por Asunción Rodríguez, maestra bordadora de Guadalupe.

Ternos pintados, bordados en oro y plata, otros en sedas cual mantón de Manila, incluso, otros, confeccionados con tejidos contemporáneos. Un ajuar que es muestra de la devoción a la Virgen de Guadalupe y que en el año 2003 se vio engrandecido con el manto y la saya de la Real Asociación de Caballeros, bajo el diseño y la dirección del bordador y artesano sevillano Francisco Carrera Iglesias, «Paquili». Esta ofrenda coincidió con el 75 Aniversario de la Coronación Canónica de la Santísima Virgen.

Este conjunto está elaborado en hilo de oro sobre tejido de seda rosa. Sigue el estilo personal del artista en el que la prenda queda decorada mediante una ancha greca o cenefa. Las prendas quedan delimitadas con unas «C» tendidas unidas entre sí, que unifican el conjunto y que están presentes en todos sus bordes, a excepción de la cola del manto, siguiéndole unos roleos unidos entre sí en forma de corazón invertido, además de unos trazos mixtilíneos realizados en hojilla en la saya, prosiguiéndole una ornamentación de carácter barroco, menuda, con roleos y temas vegetales, figurando en los picos del manto, que se pliegan sobre la Santísima Virgen, unas jarras con azucenas inscritas en un óvalo, símbolo y escudo del Santuario de Guadalupe.

Terno del maestro bordador Francisco Carrera Iglesias «Paquili» realizado en su taller de Sevilla. La Virgen de Guadalupe lo estrenó en 2003.

Esta es la descripción que de esta excepcional pieza se incluye en el catálogo de la exposición con la que *Paquili* conmemoró su cuarenta aniversario como bordador, una muestra que abrió sus puertas en el Ayuntamiento de Sevilla a finales de 2016 y en la que se pudo disfrutar de este conjunto de la Virgen de la Guadalupe, patrona de Extremadura.

María Santísima de Guadalupe con el terno mudéjar restaurado y enriquecido en el taller de bordados del Real Monasterio. Lució este terno en las fiestas de septiembre de 2014 y 2019.

También la Asociación de Damas de Santa María de Guadalupe ha contribuido a engrandecer el ajuar de la Santísima Virgen, prueba de ello es el conjunto donado en 1988 obra de las Hermanas Oblatas de Salamanca. Un terno bordado sobre seda natural con un diseño geométrico a base de círculos y en su interior motivos florales.

Con la decadencia del arte del bordado, la Comunidad Franciscana ha recurrido en varias ocasiones a los talleres de labores de las comunidades religiosas de vida contemplativa de diferentes puntos del territorio español para sumar nuevos ternos al ajuar. Por ejemplo, las Concepcionistas Franciscanas de Mérida confeccionarían en 1988 un manto sobre terciopelo azul con bordados en plata cuyo elemento central en la saya de la Santísima Virgen es un simbólico jarrón de azucenas.

También fue elaborado en la clausura de un convento el terno donado por Miguel Ruiz Rando en 1990. Realizado por las religiosas del Convento de la Purísima Concepción de Villanueva de la Serena (Badajoz), este manto está ejecutado en terciopelo de color musgo con ramilletes de flores bordados en sedas.

LOS MANTOS RECUPERADOS POR FRAY JAVIER CÓRDOBA DE JULIÁN Y SU TALLER

La labor que el taller de bordados del Real Monasterio realiza desde hace años con el fin de conservar, restaurar y enriquecer los textiles litúrgicos y del ajuar de la Santísima Virgen es de alabar. Las iniciativas y proyectos que surgen en este ámbito de la vida monacal están dirigidos por fray Javier Córdoba de Julián, conquense de nacimiento y guadalupense de adopción, erudito en Bellas Artes y en la labor de conservación del patrimonio artístico de la abadía.

Tras años de trabajo y rigurosa técnica, el equipo dirigido por este franciscano, junto a Josefa Rubio Baltasar, y formado de manera altruista por Isabel Serrano Cortijo, Maribel Martín García, Juani Álvarez Delgado, Caridad Tello Rodríguez, Eutimia Cortijo, Aurora Loro Fuentes y Angelita Torrejón Leza ha llevado a cabo desde el enriquecimiento del manto de Eugenia de Montijo a la hechura del estandarte de la Venerable Orden Tercera o el palio del Corpus.

De la maraña y reliado de textiles y mantos que arropaban y daban forma cónica a la Virgen hasta 1984, cuando el profesor Francisco Arquillo intervino la imagen y el taller de orfebrería Villarreal realizó un armazón de plata para salvaguardar la talla y disponer sobre él los mantos, fray Javier Córdoba de Julián ha extraído las mejores piezas y el mejor metraje para recuperar aquellas telas y adaptarlas al patrón de manto, saya, toca y traje del Niño con el fin de recuperar telas históricas y engrandecer el ajuar de María Santísima.

Para la solemnidad y festividad principal de septiembre de 2014, la Virgen de Guadalupe se mostró ante los fieles con uno de estos mantos recuperados a partir de los textiles históricos que la envolvían hasta el siglo XX. Este conjunto o terno al que se le ha acuñado el término «mudéjar» se desarrolla sobre un tejido base antiquísimo de estilo andalusí en el que se entrelazan motivos florales bordados en seda e hilos de oro y plata. Es el más antiguo conservado en el Real Monasterio, tal y como hemos visto en el epígrafe «Guarnecida de aljófar, revestida de plata».

Fiel a la idiosincrasia de María Santísima de Guadalupe, el manto está ribeteado por un galón rectangular flanqueado en su perímetro por una cadeneta doble de aljófar. Esta decoración se repite en la toca de sobremanto, en el bajo de la saya y en el traje del Niño. Este galón tan característico de la iconografía de la Virgen de Guadalupe, además de estar delimitado por la cadeneta doble de aljófar, lleva incrustaciones de piedras preciosas de color turquesa, esmeralda y ámbar, enmarcadas en el interior de óvalos bordados en relieve con hilo de oro. El conjunto es merecedor de un lugar preeminente entre los más dignos museos de arte textil y sacro.

En 2019, la Virgen de Guadalupe reestrenó el tercer día de novena un terno negro elaborado en el taller de fray Javier Córdoba de Julián a partir del conjunto que Paulina Pesini Sáenz, viuda de Lopo de Badajoz, entregó a la Santísima Virgen en 1942. El tejido de este conjunto es terciopelo brocado negro con hojas de trébol en plata dispuestas de manera asimétrica. El taller lo enriqueció con bordados de nueva creación dispuestos en un gran galón que recorre el manto, incluyendo una saya de nueva factura y la restauración de la toca de sobremanto y del traje del Niño Jesús.

Otra obra salida del taller de bordados del Real Monasterio en el siglo XXI es el terno del I Centenario del Patronato Canónico de Nuestra Señora de Guadalupe sobre Extremadura. Se estrenó en el año 2007 a iniciativa de fray Guillermo Cerrato Chamizo, guardián del Real Monasterio, se confeccionó bajo la dirección de fray Javier Córdoba de Julián, con la participación directa de Josefa Rubio Baltasar. El bordado en hilo de oro y sedas de colores se desarrolla sobre un tejido similar al tisú en tono marrón. Las piezas bordadas están perfiladas en verde. El conjunto se enriqueció incluyendo piedras preciosas, espejuelos y piezas de joyería.

La labor del taller de bordados también se ha encargado en las últimas décadas de la conservación de los ternos brocados, un trabajo que hoy en día siguen realizando, y que fray Javier

Córdoba de Julián explicaba así en una de las conversaciones con el autor de este libro:

«La Virgen tiene un buen ajuar, muchos ternos están realizados en telas de brocado que estaban en mal estado, ten en cuenta que son tejidos con tintes naturales y la luz artificial se ha estado comiendo el color durante años», comentaba, antes de explicar cómo se interviene en estas piezas textiles para compatibilizar dos conceptos: su función original, que no es otra que el uso y atavío de la Santísima Virgen; y su conservación para que perduren en el tiempo.

«Las partes traseras de estos mantos estaban en bastante buen estado; lo que hemos ido haciendo son cambios, es decir, la trasera del manto se ha pasado a las vistas, y viceversa», un trabajo que como reconocía es menos visible o llamativo que el del bordado propiamente dicho. *«Es una labor minuciosa que consiste en la sujeción de hilos sueltos, uno a uno, para conservar el textil tal cual»*, apuntaba, además de explicar que con cada terno o conjunto brocado *«estamos entre uno o dos años, según su estado de conservación, un equipo de tres personas todas las tardes»*.

María Santísima de Guadalupe el tercer día de novena del año 2019 con el manto enriquecido donado en 1942 por Paulina Pesini Saenz. Aparecen fray Javier Córdoba de Julián y las bordadoras guadalupenses.

El taller de bordados del Real Monasterio funciona en la actualidad con mujeres voluntarias bajo la dirección de fray Javier Córdoba de Julián. «Son talleres de mujeres voluntarias por cariño a la Virgen. Cada tarde vienen al Real Monasterio, lo han estado haciendo hasta esto de la pandemia, aquí siempre hay tarea por hacer», comentaba con relación a la suspensión de la actividad por decreto dado por el Gobierno de la nación el 13 de marzo de 2020, motivado por la pandemia del coronavirus Covid-19.

EL «JOYEL» DE LA VIRGEN DE GUADALUPE: CORONAS, ROSTRILLOS, CETROS Y OTRAS JOYAS

No cabe duda que el tesoro de Santa María de Guadalupe es uno de los de mayor peso histórico y artístico de cuántos rodean a una devoción mariana en España. Los inventarios que se conversan en el Monasterio, así como los estudios elaborados de manera pormenorizada por expertos de la talla de la investigadora Letizia Arbeteta Mira, sitúan el «joyel» de Guadalupe como uno de los que mejor reflejan la devoción hecha ofrenda y joya en acción de gracias o plegaria, una tradición ligada a las religiones del mundo.

La historia de las devociones marianas en España, y en concreto de las representaciones escultóricas, alcanza una antigüedad considerable, aunque no sean demostrables ciertas leyendas que como hemos señalado pretenden remontar esa historia a los primeros tiempos del cristianismo, pero sí existen algunas imágenes, como es el caso de la Virgen de Guadalupe, que constatan ya un culto incesante en la Edad Media.

A la donación de telas, como terciopelos, brocados y damascos, también se ha sumado la ofrenda de alhajas, aunque como apunta la doctora Arbeteta Mira, tradicionalmente los exvotos más comunes fueron las lámparas de luz perpetua con sus correspondientes dotaciones, a pesar de que su costo no estaba al alcance de todos. Además, es lógico que surgiera el deseo de ubicar cada ofrenda lo más cerca posible de la imagen que es la que, al fin y al cabo, y así lo remarca esta historiadora, posee poderes profilácticos.

En las joyas también se ve reflejado el estatus social de una familia, su procedencia y su estilo. Las joyas suelen preservarse hasta que surge una necesidad urgente, a modo de seguro, por lo que estas alhajas son quizá lo más apreciado por un grupo familiar, mientras que la persona que las ofrece a una imagen de su devoción interioriza y asume que se verá privada del uso de esa joya. Por ello, el tratamiento que reciban por parte de la autoridad eclesiástica debe ser exquisito, pues son producto de un desprendimiento que va más allá del valor material y así lo comprende el código de Derecho Canónico.

Para abordar el joyel de Santa María de Guadalupe es fundamental hacer referencia al Códice 83 del archivo del Real Monasterio, un manuscrito de fray Cosme de Barcelona en el que describe, con dibujos a color incluidos, un total de ciento cincuenta y seis joyas, entre las que se encuentran un rostrillo, un cetro y un broche o florón de Calatrava con los que hoy se sigue exornando a la venerada imagen extremeña.

De tamaño superior al de un folio, este libro encuadernado de una manera tosca y sin portada comenzó a escribirse en 1778, e interrumpido desde ese mismo año hasta 1783, fecha probable de su conclusión, aunque contiene una hoja inacabada y otra sin numerar con un dibujo del rostrillo realizado en 1968 y del que se apunta que «esta alhaja se ha hecho en su mayor parte con piedras procedentes de las joyas legadas a la Santísima Virgen en su testamento por Don Manuel de Ovando y López de Ayala, otras de la familia Barrantes y otras sacadas del joyel general de la Virgen».

Si hay un elemento que define la majestad y realeza de una imagen mariana a la hora de presentarla ante los fieles, es la corona. A ella se suman otras piezas como el cetro, la media luna a los pies, una bola del mundo o un fruto en sus manos, y también el «rostrillo» que enmarca la cara de María Santísima. Cada uno de estos atributos tiene un significado y un simbolismo propio.

De estos complementos exentos a la escultura, realizados en materiales nobles como el oro y la plata, guarnecidos de piedras preciosas y esmaltes, la Virgen de Guadalupe cuenta con una importante colección devocional de orfebrería y joyería, empleando en su atavío actual: corona, cetro y rostrillo.

Como hemos indicado, la imagen de la Virgen suele portar una serie de atributos que hablan de su realeza. Y así lo recoge el Apocalipsis (Ap 1, 12): «Una gran señal apareció del cielo: una mujer, vestida de sol, con la luna bajo sus pies, y una corona de doce estrellas sobre su cabeza». La mujer es la Virgen María. El sol que la viste es la Santísima Trinidad. Ella aparece bañada con su luz deslumbrante, porque es la Hija del Padre, quien quiso que fuera concebida inmaculada. Así, Ella es también la esposa del Espíritu Santo y la Madre de Jesús, el Hijo de Dios. Como se detalla, la Mujer lleva una corona sobre sus sienes y la media luna sobre sus pies. Por lo tanto, Ella es Reina-Madre, pues su hijo es el vástago del Rey David y el Rey de Reyes.

De aquí la representación que ha llegado a nuestros días, una puesta en escena que suma la imagen del Niño Dios en la mano izquierda, a la altura de su corazón, en otro simbolismo de entrega al Señor (Lc 1,26-38): «He aquí la Esclava del Señor, hágase en mí según tu palabra»; mientras que en la mano derecha lleva un cetro como históricamente solían sostener los monarcas medievales en la ceremonia de proclamación de su reinado. En este sentido, la Virgen también lleva cetro incidiendo en el poder celestial y terrenal que ostenta como Reina y Madre de todo lo creado.

Estas son las tres únicas joyas de las 156 descritas y dibujadas en el Códice 83 que se conservan en la actualidad en el Real Monasterio. Rostrillo del Conde la Roca de 1749, cetro de cristal de roca del siglo XVI y broche o florón de Calatrava.

La corona es el atributo más representativo e inherente al icono mariano, forma parte del atavío de la Virgen como símbolo de dignidad y de clara reminiscencia monárquica. Las primeras representaciones de María coronada se remontan al siglo XII. Encontramos un ejemplo en el relieve denominado «El triunfo de la Virgen», ubicado en el tímpano del pórtico occidental de la catedral de Notre Dame de Senlis, en Francia, datado en torno al año 1150. Es, pues, un motivo propio del arte occidental.

También de la misma centuria, y relacionado con la coronación de la Virgen, es el mosaico de la Iglesia de Santa María en el Trastévere romano. Sin embargo, cierto es que el uso originario de la corona puede datarse de tiempos más remotos; concretamente, a raíz del Concilio de Éfeso en el año 431, si bien la influencia del Imperio Bizantino en este sentido fue determinante.

A la corona y al cetro se incorpora el rostrillo, también simbología de la mujer vestida de sol del Apocalipsis. Esta suma de elementos resultó común entre las grandes devociones del país, como se aprecia en infinidad de representaciones, sentando las bases de lo que fue y es el atavío mariano del siglo XVII. Este «modelo clásico» relacionado además con la moda de la corte de los Austrias lo encontramos en grabados y pinturas de época de la Virgen de los Reyes de Sevilla o de la Virgen de la Concha de Zamora, como apunta el experto Javier Prieto Prieto, así como en Nuestra Señora de las Rocinas de Almonte (Huelva), hoy Virgen del Rocío, en la Virgen de Atocha de Madrid o en la Virgen del Sagrario de Toledo y en la mayoría de representaciones letíficas o de Gloria de la Virgen María.

En cuanto a la media luna a los pies de la Virgen de Guadalupe, que en la actualidad no presenta, la encontramos en las representaciones que de Ella se extendieron por el Nuevo Mundo asociada a una lectura iconográfica afín a la Inmaculada Concepción, y en España en los grabados, pinturas y medallas al menos hasta el siglo XVII. Prueba de ello son algunos de los grabados que se conservan en el Real Monasterio y cuya producción entre los siglos XVI y XVII permitió la expansión devocional de María Santísima. La luna creciente o media luna, por ejemplo, aparece en el grabado de la puerta del sagrario del retablo de la capilla de San Jerónimo, en la sacristía mayor. También es habitual encontrar medallas acuñadas en bronce con la Virgen de Guadalupe sobre una media luna, incluso con resplandor o ráfaga. Estas medallas suelen representar en su reverso a San Jerónimo, tratándose de un elemento devocional y de protección que proliferó durante el priorato jerónimo.

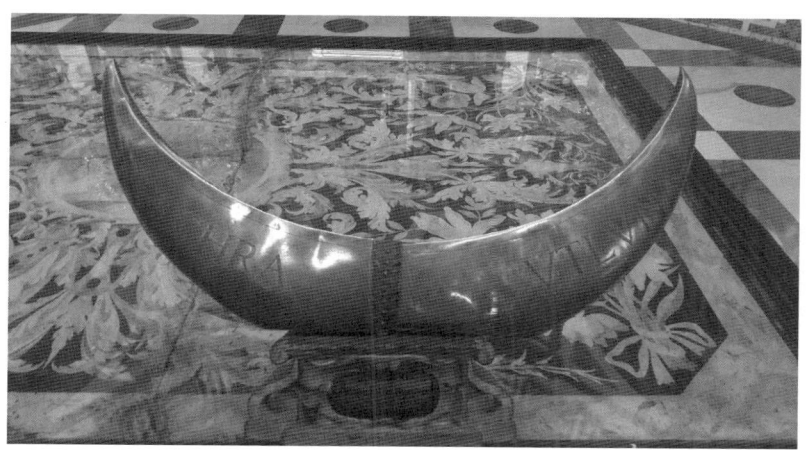

Media de luna que María Santísima de Guadalupe llevó a sus pies hasta 1984 en el interior del manto. Como recogen los grabados, pinturas y medallas anteriores al siglo XVII, esta media luna era parte visible de la iconografía guadalupense. En esta pieza de orfebrería rústica puede leerse «Pvlchra Vtlvnae», es decir, «Hermosa como la luna».

También encontramos la media luna en el grabado que acompaña a la historia de fray Gabriel de Talavera publicada en 1597 bajo el título «Historia de Nuestra Señora de Guadalupe, consagrada a la soberana magestad de la Reyna de los Ángeles, milagrosa patrona de este sanctuario». Esta representación muestra un pequeño retablo con la imagen sobre una peana con la media luna a sus pies y un querubín en el centro, incorporándose dos ángeles arrodillados en los laterales de la parte inferior, y otra pareja que sostiene un dosel desde los márgenes superiores. Está firmado por *Petrus Angelus* (Pedro Ángel), al igual que el grabado con el que se ilustra la contraportada del códice manuscrito realizado en el *scriptorium* guadalupense del Oficio sabatino de la Virgen dedicado al Papa Gregorio XIII, también de fray Gabriel de Talavera hacia 1600, con la salvedad de que este omite la media luna a los pies de María Santísima de Guadalupe.

Pero ¿hasta cuándo llevó la Virgen de Guadalupe una media luna a sus pies? La respuesta la encontramos en la restauración de 1984 del profesor Francisco Arquillo. Hasta esa fecha la Virgen presentaba bajo sus ropajes una media luna de plata que hoy se conserva y expone en la capilla de las Reliquias o de San José, en el tesoro del Real Monasterio.

Esta media luna escondida bajo el manto de la Virgen cumplía hasta 1984 una función práctica más allá de la iconográfica, pues facilitaba la sujeción de las vistas del manto para mantener la forma cónica y triangular tan característica de la Virgen de Guadalupe. En esta pieza de orfebrería rústica se puede leer «*Pvlchra Vtlvnae*», es decir, «*Hermosa como la luna*».

Medallas de bronce en las que Santa María de Guadalupe aparece con ráfaga y media luna a sus pies, iconografía de la descripción apocalíptica y/o inmaculista de la Virgen.

Grabado de la Virgen de la Estrella de Toledo. La Santísima Virgen aparece ataviada a la moda de los Austrias. Finales del siglo XVIII.

Pintura del siglo XVIII rubricada por Miguel Jacinto Meléndez en la que representa a la Virgen de Atocha de Madrid. La pintura es del convento madrileño de San Plácido.

Retablo de azulejos del siglo XIX de la Virgen del Rocío realizado en el taller de cerámica Montalván de Triana para una fachada de la calle Almonte de la aldea de El Rocío.

Grabado de María Santísima de Guadalupe representada con la media luna a sus pies. Este documento aparece en la historia escrita por fray Gabriel de Talavera publicada en 1597.

Grabado hacia 1600 firmado por Petrus Angelus que ilustra la contraportada del códice manuscrito sobre el Oficio sabatino de la Virgen dedicado al Papa Gregorio XIII. En esta representación se omite la media luna a los pies de María Santísima.

Grabado que representa a la Virgen de Guadalupe con ráfaga o resplandor. Se encuentra enmarcado en la puerta del sagrario del retablo de la capilla de San Jerónimo de la sacristía mayor.

Imagen barroca de la Inmaculada Concepción con ráfaga o resplandor y media luna a sus pies que preside desde el 22 de octubre de 1696 un retablo en la sala capitular del Ayuntamiento de Toledo. Su autor es Ignacio Alonso, y el responsable de la policromía, encarnación y estofado de la imagen, el maestro dorador Juan Alonso. Ambos de Toledo, como apunta el investigador Antonio José Díaz Fernández.

Dibujos del inventario de joyas de la Virgen de Guadalupe realizado por fray Cosme de Barcelona a finales del siglo XVIII. Se trata de tres de los pinjantes o colgantes de oro, esmaltes, perlas y piedras preciosas con forma de pavo real sobre caracoles, papagayo y galápago.

Dibujo realizado por fray Cosme de Barcelona en el siglo XVIII que representa la joya conocida como la iguana o arraclán atribuido a una donación de Hernán Cortés.

Joya con figura de lagarto verde hacia 1600 realizada en oro esmaltado, esmeraldas, rubíes y perlas que se conserva en el Instituto Valencia de Don Juan en Madrid.

Dibujo de fray Cosme de Barcelona en el inventario de joyas de la Virgen de una medalla de la Inmaculada Concepción de María o 'Concebida', fueron piezas devocionales habituales de los tesoros marianos a finales del siglo XVI y principios del siglo XVII.

La Virgen de Guadalupe luce el conjunto completo de corona, arricadas y broche pectoral de la coronación de 1928. La fotografía es del 5 de septiembre de 2018, sexto día de la novena en su honor.

LAS CORONAS MÁS SIGNIFICATIVAS DE LA VIRGEN DE GUADALUPE

Corona filipina del siglo XVII

Esta presea de origen filipino está datada por su estilo y diseño en el siglo XVII. Realizada en oro repujado y matizado, la Comunidad Franciscana emplea esta corona de gran belleza y antigüedad para la estancia de María Santísima de Guadalupe en su camarín y trono. El canasto de esta pieza se completa con una «segunda» aureola decimonónica labrada en plata sobredorada al fuego, regalo del misionero Francisco Vázquez, natural de Guadalupe, a mediados del siglo XIX.

Corona primitiva de plata dorada

Esta corona primitiva está realizada en plata dorada conocida por su uso habitual y cotidiano en las estampas previas a la coronación canónica de 1928. Todo apunta a que es una pieza de fundición. Es sencilla en su ejecución con ocho imperiales que parten del canasto y conectan en un orbe presidido por una cruz, todo ello enmarcado por un resplandor o ráfaga con dos tipos de rayos que dotan al conjunto de sobriedad y grandeza. La corona está enriquecida con piedras preciosas engastadas en el canasto y en los imperiales, así como en el centro de cada una de las doce estrellas de la ráfaga, además de sumar alguna que otra joya, como un broche de diamantes o zarcillos. La presea es reconocible precisamente por estas piedras de color ámbar, rojo rubí y verde esmeralda. La pieza está rematada por una cruz latina plana de plata sobredorada al fuego y decorada con cinco piedras rectangulares rojo rubí y una sexta circular verde esmeralda.

Corona Regia de la coronación canónica de 1928

El periodista Manuel Sánchez Cuesta, que publicaba bajo el pseudónimo «Mirabal», detallaba en la edición del diario Extremadura del 12 de octubre de 1928 todos los pormenores y datos de esta presea realizada en el taller del sacerdote y artista, Félix Granda para la coronación de la Virgen de Guadalupe.

El valor material de la época ya superaba los dos millones de pesetas, empleándose para su factura cuatro kilos de oro, dos de platino y más de 34.000 piedras. En el taller trabajaron de manera incesante durante cinco meses de seis de la mañana a doce de la noche varios equipos de artistas orfebres. La corona terminó de ejecutarse una semana y un día antes de la coronación, el 4 de octubre.

El aro, el canasto y los imperiales están cubiertos por brillantes, mientras que la ráfaga se presenta como un «arco iris». El engaste de las piedras es de tal maestría que como apuntaban las crónicas de la época «no parece hecha por hombres, de tan aérea, de tan transparente como es. Parece un encaje en el que las piedras fueran hilos de luz o rayos de sol de tal suerte filtrados que compusieran el dibujo de la corona, en el aire, haciéndola impalpable».

La ráfaga sigue el estilo del conjunto con brillantes claros, limpios e iguales que en este caso se suman a los rubíes, entremezclándose en los resplandores trabajados a dos caras.

En la ráfaga se pueden leer dos inscripciones o leyendas. La del anverso dice: «*Sancta María de Guadalupe, gratia plena, Mater Dei, Hispaniarum Regina, ora pro nobis peccatoribus*». Y en la del reverso se lee: «*Pío XI Pontífice máximo adstante celsissimo, Alfonso XIII rege catholico, sacram effigiem Sactae Marie de Guadalupe hac corona redimist aurea universa plaudente Hispania Petrus, cardinalis Segura Archiepiscnpus Toletanus, plurimis stipatuo episcopis ordinis minurum pro regno vicario generali frequientissimo que populi concurso, IV idus octobris anno MCMXXVIII*».

Esta corona que la imagen luce en ocasiones y festividades como el 8 de septiembre o el 12 de octubre, se completa con dos arracadas que enmarcarían el rostro de la imagen siguiendo la tendencia bizantina y un broche o pectoral de brillantes y rubíes con una miniatura en esmalte que representa a la *Guadalupana* mexicana, además de incluir una esmeralda. El conjunto completo —corona, arracadas y broche— puede disfrutarse en la exposición del relicario del Real Monasterio. La última vez que la Virgen de Guadalupe lució el conjunto completo fue el 5 de septiembre de 2018, sexto día de la novena en su honor.

En la corona no falta el Espíritu Santo, una paloma de alas abiertas cubierta de diamantes que para Mirabal es sello y firma inequívoca de Félix Granda «en cuantas coronas salen de sus manos para ceñir las sienes de las imágenes de María». Y es cierto. Encontramos esta representación del paráclito en las preseas de la Virgen de la Luz de Cuenca realizada en 1950; en la de Nuestra Señora de la Antigua de Orduña (Vizcaya) diseñada en 1931; en la de la Virgen de la Montaña de Cáceres labrada en 1924 o en la de la Virgen de Covadonga entregada por el taller de este sacerdote natural de Pola de Lena (Asturias) en 1918. Todas ellas encargadas en el marco de la coronación canónica de estas devociones, a excepción de la de la Virgen de la Antigua, ya que su coronación fue en 1945. Félix Granda también incluyó la Divina Gracia en la aureola de la imagen procesional de Santa Teresa de Jesús de los Padres Carmelitas de Ávila, un encargo realizado en 1924 con motivo del tercer centenario de la canonización de esta Doctora de la Iglesia.

Corona neobarroca conmemorativa del Año Mariano

De uso habitual para la estancia de María Santísima de Guadalupe en el camarín y trono, la corona neobarroca es obra de Orfebrería Villarreal (Sevilla), por encargo de la Comunidad Franciscana con motivo del Año Mariano inaugurado por San Juan Pablo II, el día 6 de junio de 1987, en las vísperas de la fiesta de Pentecostés, y clausurado el 15 de agosto de 1988, en la fiesta de la Asunción de la Virgen.

La presea está realizada en plata sobredorada, labrada por las dos caras. Su riqueza artística es aún mayor dadas las joyas y piedras preciosas engastadas en la misma, todas procedentes del «joyel» de la Santísima Virgen. El canasto se desarrolla sobre un aro exornado con bellas perlas y diamantes de un collar dispuesto de manera longitudinal. Pendientes y sortijas salpican la obra, cuyos imperiales conectan en una esfera de marfil presidida por una cruz con diamantes.

La ráfaga, trabajada por ambas caras, presenta una serie de cartelas con escenas ligadas al Real Monasterio y a la Santísima Virgen de Guadalupe. Una colección de querubines se suma al diseño presidido por el Espíritu Santo en forma de paloma. Las piedras preciosas se suceden sin solución de continuidad guardando la simetría del conjunto.

Detrás de esta obra hay una historia con nombre y apellidos. La corona se encarga al taller de Orfebrería Villarreal, que desde su fundación en 1954 desarrolla proyectos para el Real Monasterio por mediación del padre Germán Olmeda, natural de Guadalupe y superior del Real Monasterio, nombrado como tal en la congregación celebrada por la provincia franciscana bético-extremeña en el Monasterio de La Rábida, Huelva, en agosto de 1965. Antes de ostentar este cargo y regresar a su municipio natal, el padre Germán Olmeda ejerció en Sevilla como maestro de novicios y como superior en La Rábida. De estas ocupaciones vienen los contactos que el Real Monasterio establece desde mediados del siglo XX con Sevilla y, en concreto, con el profesor Francisco

Arquillo, restaurador de la imagen en 1984, y con este taller de orfebrería regentado por Manuel Villarreal.

La hermana de fray Germán Olmeda, gran devota de su patrona, de su Virgen de Guadalupe, siempre expresó el deseo y la ilusión de tener un detalle con la imagen que tanto representaba para ella y para su familia. Al surgir el proyecto de la corona conmemorativa del Año Mariano de 1987, la Comunidad Franciscana se puso en contacto con ella para hacerle partícipe de esta nueva pieza de orfebrería. Tanto la plata como las joyas que se emplearon para llevar a cabo esta presea procedían de los donativos y ofrendas de los devotos, mientras que el importe de su hechura corrió a cargo de la señora Germán Olmeda.

Con un presupuesto en mano de obra que rondó los dos millones de pesetas, la Comunidad adelantó el importe que recuperó tras fallecer la donante, quien dejó por escrito en su testamento que los ahorros logrados en sus años de vida estaban predestinados, porque así lo acordó con los franciscanos, a sufragar la factura de la corona de la Santísima Virgen y el conjunto de orfebrería formado por un nuevo rostrillo, cetro y corona del Niño.

El taller presentó el dibujo de la corona a la Comunidad Franciscana el 11 de febrero de 1988 y la presupuestó en 1989, firmando el 3 de marzo de ese año el contrato para su ejecución. El acuerdo lo rubricó fray Francisco de Asís Oterino Villasante, guardián del Real Monasterio. La Virgen de Guadalupe estrenaría esta nueva presea para su festividad de septiembre de 1989, tal y como recuerda Francisco Mateos Rubio, responsable del taller de orfebrería, en esta época junto a Francisco del Toro Plaza, tras la muerte de Manuel Villarreal en 1965.

A estas cuatro coronas descritas de la Santísima Virgen se suma otra presea que se custodia en el tesoro devocional. Esta quinta corona es del siglo XX, moderna, formada por el canasto, sin ráfaga ni aureola, a modo de corona medieval o almenada, prácticamente en desuso.

LOS ROSTRILLOS MÁS SIGNIFICATIVOS DE LA VIRGEN DE LA GUADALUPE

Rostrillo del Conde de la Roca

La descripción de este rostrillo, dibujado por fray Cosme de Barcelona en el Códice 83, indica que su uso era habitual en la festividad patronal de la Virgen de Guadalupe. Tenía noventa y una perlas finas de igual magnitud, perfección y color, sobre un enrejado de plata sobredorada. El conjunto se completaba con catorce rosetas de oro y nueve diamantes, así como catorce lacitos, también de oro, con tres diamantes cada uno. Además, aparecía un anillo de oro con siete diamantes, donación de un consejero de Indias en el año 1749. No obstante, este rostrillo se realizó a partir de un collar donado por el Conde de la Roca en el año 1738. Es una de las pocas joyas que se conservan del inventario o Códice 83.

Rostrillo enrejado de plata sobredorada

Como señala fray Cosme de Barcelona en el Códice 83, este rostrillo servía todo el año a Nuestra Señora. Esta pieza parte de un enrejado de plata sobredorada, cubierto de aljófar, presidido en la parte superior por un anillo con un diamante. A su vez, el rostrillo se enriqueció con una cadena formada por lazos de oro, esmaltes y una piedra blanca «que parece diamante». La pieza se completaba con seis piedras de mayor tamaño «sin labrar, pero engastadas en oro» y de color encarnado. Como el noventa y nueve por ciento de las joyas del Códice 83, esta pieza se perdió durante el periodo de las guerras napoleónicas del siglo XIX.

Rostrillo de Manuel de Ovando y López de Ayala, año 1968

Esta pieza del siglo XX se realizó como exvoto a la Santísima Virgen en su mayor parte con piedras procedentes de las joyas legadas a la Virgen de Guadalupe en su testamento por Don Manuel de Ovando y López de Ayala, otras de la familia Barrantes y otras sacadas del «joyel» general de la Virgen. Suele lucirlo en ocasiones especiales y de manera conjunta con la presea de la coronación canónica de 1928. Como apuntan los diseñadores de joyas jerezanos Luis Prieto e Isabel Núñez, este rostrillo se realizó en Madrid en la joyería Salazar.

Rostrillo conmemorativo del Año Mariano

Este rostrillo forma parte del conjunto que Orfebrería Villarreal, de Sevilla, realizó en 1989 con la plata y las joyas de las ofrendas de los fieles, y la donación de la señora Germán Olmeda, natural de Guadalupe, en el marco del Año Mariano del periodo comprendido entre 1987 y 1988. El rostrillo está repujado en plata sobredorada al fuego. El fondo de la filigrana que compone la pieza de estilo neobarroco presenta un textil en tono granate o anaranjado. Las perlas y las joyas con diamantes exornan el rostrillo en cuyos extremos incluye dos cartelas en las que puede leerse la leyenda «Año Mariano 1987-1988» y una inscripción con la donación.

LOS CETROS MÁS SIGNIFICATIVOS DE LA VIRGEN DE GUADALUPE

Cetro de cristal de roca, siglo XVI

Se trata de un antiquísimo cetro de cristal de roca que algunos sin fundamento histórico datan en tiempos del hallazgo de la imagen, es decir, en los últimos años del siglo XIII. Lo cierto es que su época histórica puede fijarse en el siglo XVI, en el reinado de Felipe II. Esta pieza, de traza italiana, está guarnecida con esmaltes policromos y oro. Es el único cetro de los que se contemplan en el «Libro de joyas» o Códice 83 de fray Cosme de Barcelona que se conserva en el Real Monasterio y está en uso. El padre Germán Olmeda, superior franciscano, mandó enriquecerlo en los años sesenta del siglo pasado.

Cetro de la Duquesa de Aveiro, siglo XVII

Este cetro perteneció a la Virgen de Guadalupe siglos atrás. En la actualidad no se conserva en el monasterio. Gracias a la descripción del Códice 83 sabemos que esta pieza suponía una de las de mayor valor. Realizado en oro que donó la duquesa de Aveiro, Dña. María de Guadalupe de Lencastre y Cárdenas Manrique (1630-1715), contaba con esmaltes y piedras preciosas como diamantes, rubíes, esmeraldas, un zafiro y perlas. El cetro presentaba grabadas las quínolas o armas de Portugal. La duquesa, gran devota de la Virgen de Guadalupe, tuvo a bien ofrendar esta joya enmarcada en el siglo XVII, como muestra de gratitud por las gracias concedidas.

En cuanto a ella, es considerada una de las mujeres intelectuales y más cultas de su época. Hablaba varios idiomas y reunió una biblioteca excepcional, cuyo inventario se conserva hoy en la ciudad de Toledo, en la Sección Nobleza del Archivo Histórico Nacional ubicado en el antiguo Hospital Tavera. En su biblioteca no faltaban obras religiosas, literarias, artísticas o científicas. Para testar su trascendencia, podemos acudir a la obra literaria de Sor Juana Inés de la Cruz, quien dedicó a la duquesa un romance en el que llega a describir a Dña. María de Guadalupe de Lencastre y Cárdenas Manrique como «única maravilla de nuestros siglos, gran Minerva de Lisboa o presidenta del Parnaso».

Cetro de la Comunidad, siglo XVII

Este cetro databa de 1689. En aquella época era el que de manera habitual portaba la Virgen de Guadalupe. Diamantes y rubíes guarnecían la pieza de plata sobredorada y oro blanco en la que no faltaban las perlas y los esmaltes. La descripción que de él se ofrece en el Códice 83 es magistral. A modo de curiosidad, su basamento era una cabeza de víbora elaborada minuciosamente en oro esmaltado en verde y enriquecida con cinco diamantes y ocho rubíes, obra de fray Alonso de Madrid, insigne platero del Real Monasterio.

Otra historia interesante que rodea a este cetro es que en él se encontraba la famosa sortija de diamantes ofrenda de Monseñor Savo Millini, nuncio de Su Santidad en España de 1675 a 1686. Como gran parte de las joyas descritas en el Códice 83, esta pieza no se conserva.

Cetro del Taller de Félix Granda, año 1952

Los Caballeros de Santa María de Guadalupe han contribuido desde su fundación en el siglo XX a engrandecer al ajuar de la Santísima Virgen con importantes aportaciones, como la acordada en 1952 con el fin de ofrecer a la Virgen un cetro, confiando este encargo al taller de Félix Granda. Su importe, como recogen las actas de la época, ascendió a 32.000 pesetas y se reunió con aportaciones de 25, 50 y 100 pesetas, contribuyendo también al nuevo trono del camarín de la Virgen, realizado en el mencionado taller madrileño en esa misma fecha.

Este cetro presenta una interesante miniatura en plata sobredorada del templete del claustro mudéjar del Real Monasterio. Este templete fue realizado hacia 1405 por fray Juan de Sevilla. Siglos después, el taller de Félix Granda logró con maestría una réplica de esta joya de la arquitectura mundial a modo de remate y motivo principal del cetro de 1952, que, repujado en plata sobredorada, presenta piedras engastadas y una ristra de perlas en espiral que recorren los dos tramos de la pieza de manera longitudinal.

Cetro conmemorativo del Año Mariano

Este cetro forma parte del conjunto ofrecido a la Santísima Virgen con motivo del Año Mariano de 1987/1988. Se realizó al igual que la corona neobarroca en 1989 en el taller sevillano fundado por Manuel Villarreal. Su principal característica es el remate del báculo, formado por el anagrama de la Virgen María, es decir, las letras A y M entrelazadas. Es de plata sobredorada y una de las piezas más características de las estampas y postales de María Santísima de Guadalupe en los años noventa del siglo pasado.

OTRAS JOYAS, LEGADOS DE LA FE

El catálogo de joyas de María Santísima de Guadalupe era un reflejo fiel de la devoción de siglos, una enciclopedia de la historia y del arte de la joyería que conocemos gracias al trabajo de fray Cosme de Barcelona y su Códice 83 o «Libro de las joyas».

En esta colección devocional destacaban piezas importantes tanto por su estilo artístico, como por su calidad y valor material, sin obviar su historia. Es el caso del collar del Toisón de Oro que la imagen portaba desde el siglo XVII, obsequiado a la Santísima Virgen por Manuel Diego López de Zúñiga y Sotomayor, duque de Béjar y Plasencia. La imagen lo presentaba ya en antiguos grabados como emblema monárquico. La joya original desaparece en la exclaustración de 1835 hasta que en 1992 se recupera para el ajuar al coincidir con el V Centenario del Descubrimiento de América. La Real Asociación de Caballeros de Santa María de Guadalupe acordó la donación de una réplica repujada en plata sobredorada en los Talleres de Arte Sacro Granda.

Las joyas de mayor antigüedad del tesoro guardaban relación directa con los obsequios provenientes del Nuevo Mundo. De América arribaron en abundancia grandes esmeraldas y perlas como nunca antes se habían visto, procedentes de las minas colombianas o de las pesquerías en las costas del Caribe y del litoral ecuatoriano, como apunta la historiadora Letizia Arbeteta Mira, además de señalar que a las esmeraldas de Colombia, al oro de las minas de Nueva Granada y a las perlas del Caribe se uniría el abigarramiento cromático de los esmaltes, tan del gusto de los talleres andinos y con presencia notable en el «joyel» de la Santísima Virgen de Guadalupe.

Los colgantes o pinjantes que colgaban como adorno de las tocas de cabos —prenda en uso desde mediados del siglo XVI hasta la segunda década del siglo XVII que cubría la cabeza y la parte posterior del cuello, con dos prolongaciones delanteras, los cabos, que se unían sobre el pecho con una joya o joyel—, o como remates de collares con formas de peces, sirenas, leones, águilas, loros o cacatúas, también lagartos y caimanes, forman otro conjunto dentro de la joyería que de manera tradicional se ofrecía a la Santísima Virgen.

Diseñados con alarde de fantasía y complejidad, esmaltados y enriquecidos con perlas, piedras preciosas y esmeraldas, los pinjantes de la joyería española y americana compartían diseños, aunque siempre se han considerado indianas las piezas de animales esmaltados en tonalidades verdosas y grandes cabujones de esmeraldas colocados en el pecho o en secuencia sobre el cuerpo, como sucede con los papagayos, las lagartijas y los caimanes, tal y como describe la doctora Arbeteta Mira.

La joya con forma de iguana o arraclán obsequio de Hernán Cortés

En este sentido, en el joyero de la Virgen de Guadalupe destacaba la llamada iguana o arraclán de Hernán Cortés. Era una joya peculiar no exenta de historia y favor a la Virgen, un exvoto más en acción de gracias por la intercesión de María Santísima. Cuenta fray Cosme de Barcelona en el Códice 83, que Hernán Cortés estuvo al borde de la muerte por una enfermedad provocada por la picadura de un escorpión u otra sabandija durante la conquista de México, suplicando a la Virgen de Guadalupe por su recuperación. Y así fue.

En muestra de agradecimiento, de regreso a la Península, Hernán Cortés viajó hasta el Real Monasterio «siete años después de ganada México ofreciendo varios dones —a la Santísima Virgen— y uno de ellos fue esta joya que es de oro con algún esmalte verde y otros colores, con quarenta y tres esmeraldas». Esta pieza, como otras tantas del inventario del Códice 83, se perdió en el siglo XIX.

No obstante, la profesora Arbeteta Mira ha defendido en sus investigaciones que este arraclán o dragón alado del Códice 83 es de estilo y factura posterior a la fecha de la donación del conquistador, para añadir que en todo caso esta joya puede tratarse de una modificación de la pieza original, aunque lo considera poco probable. Quizá la anotación de fray Cosme de Barcelona en la cartela que acompaña al dibujo de esta pieza y en la que alude a Hernán Cortés como donante se deba al hecho de recoger la tradición oral que de manera errónea atribuía esta iguana de oro y esmeraldas a la acción de gracias del conquistador.

Joyas de similares características a las descritas en las historias del Real Monasterio firmadas por autores como fray Gabriel Talavera (1597) o fray Francisco de San José (1743) se exponen hoy en el Instituto Valencia de Don Juan en Madrid o en el tesoro de Nuestra Señora de las Nieves de Santa Cruz de la Palma, cuyo joyero guarda una rica similitud con lo que fue el de la Virgen de Guadalupe antes de la Guerra de la Independencia Española (1808-1814) y las leyes de desamortización de bienes eclesiásticos del ministro Juan Álvarez Mendizábal en 1835.

La pieza del Instituto Valencia de Don Juan presenta forma de reptil, quizá una salamandra o un lagarto verde, es de factura anónima y está datada en torno al año 1600. Sus materiales son principalmente oro esmaltado, así como esmeraldas, rubíes y perlas. Esta joya, a su vez, comparte características con otro colgante con figura de anfibio de la colección del Museo del Louvre de París, cuya procedencia es andina, como señala el historiador Xavier López Medellín.

Un ejemplo más de lo que pudo ser el exvoto de Hernán Cortés a la Virgen de Guadalupe es uno de los broches de Nuestra Señora de las Nieves de Santa Cruz de la Palma en forma de lagartija en oro y esmeraldas. La patrona de la isla de La Palma llegó a lucir hasta dos de estas joyas, que incluso se reprodujeron en un retrato litográfico editado en París en 1860, tal y como apunta Jesús Pérez Morera en el catálogo de la exposición celebrada en Santa Cruz de La Palma en torno a la Virgen de las Nieves.

Cruces y concepciones en el «joyel» de María Santísima

La colección de joyas de Santa María de Guadalupe también contó con un importante número de zarcillos, pendientes y colgantes como dijes y pomas, o algún que otro collarete de oro esmaltado aplicado a la indumentaria mariana, y en auge desde el último tercio del siglo XVI y durante la primera mitad del XVII.

También encontramos cruces pectorales, obsequio y donación de prelados, duques y marqueses. Este elemento devocional y protector de primer orden adoptó diversas figuraciones y dio lugar a una gran diversidad tipológica. Una variante frecuente en la joyería española de finales del siglo XVI y principios del siguiente es la cruz latina, con piedras en cajas de engastes y adornadas con perlas pendientes, incluso las más antiguas con esmaltes excavados al dorso. Este modelo de cruz pectoral, posiblemente originado en Centroeuropa, pasó rápidamente a Indias, donde hoy se consignan ejemplares semejantes, especialmente en el tesoro de la Virgen de Guadalupe de Sucre (Bolivia), o en los pecios de navíos, como argumenta la investigadora Letizia Arbeteta Mira.

Entre las cruces pectorales del Real Monasterio ofrecidas a la Santísima Virgen de Guadalupe destacó, en 1622, la donación de una pieza de oro y amatistas atribuida en el Códice 83 al obispo de Segovia citado como «Ilmo. Sr. D. Antonio de Guzmán», a pesar de que esta composición de nombre y apellido no se corresponde con ningún prelado conocido en la Diócesis de Segovia, aunque sí con el obispo de Tui-Vigo, D. Antonio de Guzmán y Cornejo, que gobernó esta diócesis en el corto periodo 1641-1642.

También es interesante una cruz a dos caras con diamantes y reliquias descritas por fray Cosme de Barcelona como «unos pedacitos de tela blanca» atribuida a una donación de los duques de Alba, quienes recuperaron la pieza en Zaragoza tras ser «hurtada en una feria» de la Puebla y Villa de Guadalupe; otra cruz era conocida como la de las reliquias, por sus siete pequeños espacios en los que se encontraban las reliquias del *Lignum Crucis*, San Antonio, San Diego, San Eusebio y del santo hábito de San Bernardino, en el *stipes*, y de San Andrés, San Antonio y Santa Inés, en el *patibulum*. La cruz era de oro, con esmaltes, y en el reverso tallados los instrumentos de la Pasión de Cristo. Estaba decorada con diamantes y esmaltes negros.

Asimismo, aparecen cruces dobles o de dos cuerpos, superpuestas, exornadas con piedras preciosas y elaboradas con las técnicas más minuciosas y delicadas, e incluso una preciada cruz de Jerusalén de oro con una corona en su parte superior regalo de los Duques de Béjar. La pieza constaba de doscientos cuarenta y nueve diamantes engastados y ciento cincuenta y dos rubíes. Aunque por su fisonomía la debemos situar al margen de las cruces pectorales, es digna de mención.

En el extenso «joyel» de la Virgen de Guadalupe también encontrábamos joyas devocionales en forma de chapa recortada y calada y en su centro una imagen fundida, cincelada y esmaltada respondiendo a un tipo de pieza que proliferó en España a finales del siglo XVI y principios del siglo XVII. Los motivos de estas medallas, los más populares, eran las denominadas *concepciones* o *concebidas*, una de las formas y emblemas en las que se manifestó en España y en sus colonias la campaña a favor de la defensa del dogma de la Inmaculada Concepción de María. La imagen esmaltada en el centro de la medalla representaba a la Virgen Apocalíptica, «una mujer vestida del sol, con la luna debajo de sus pies, y una corona de doce estrellas sobre su cabeza» (Apocalipsis, 12:1).

Medallones y relicarios para ataviar a Nuestra Señora

Otro grupo de joyas o aditamentos a la hora de ataviar a María Santísima eran y son los medallones-relicario de filigrana de oro y perlas. Presentan una ventana abierta o acristalada, una argolla para su sujeción y pinjantes de perlas, mientras que en el óvalo central albergan una imagen del Niño Jesús bendiciendo, tallada en alabastro o marfil, tal y como describe este tipo de medallones Leticia Arbeteta Mira.

También son numerosos los rosarios, las sortijas y las rosas que componen el joyero devocional de la Virgen de Guadalupe ya desde finales del siglo XIX y principios del siglo XX, centuria esta última en la que se recupera el esplendor del «joyel» de María Santísima; aunque es harto complicado enumerar y describir con exactitud la magnitud de tal colección, como hizo fray Cosme de Barcelona en el ya mencionado Códice 83, que se ha convertido, siglos después, en un documento esencial que nos permite tener constancia documental y gráfica manuscrita de las joyas desaparecidas durante la Guerra de la Independencia Española (1808-1814) y las posteriores leyes de desamortización.

Cabe reseñar que del inventario del Códice 83 tan solo han llegado a nuestros días tres joyas: el rostrillo del Conde de la Roca, del siglo XVIII, el cetro de cristal de roca del siglo XVI y un broche o florón de Calatrava que fray Cosme de Barcelona describe como una joya cuajada con ciento ochenta y seis diamantes, donación de Juan Bautista Clarebout, procedente de una familia distinguida de Flandes.

Fray Carlos Villacampa, en su obra «Grandezas de Guadalupe. Estudio sobre la historia y las bellas artes del gran monasterio extremeño», relata como a partir de la Guerra de la Independencia surgen serias dificultades económicas en el Real Monasterio regentado en esos momentos por la Orden Jerónima, que aportó a la causa bélica, incluso, vendiendo propiedades y deshaciéndose de parte del tesoro.

Así, y ante el anuncio de que una columna del ejército francés avanzaba sobre Guadalupe, los frailes enterraron las joyas. El 7 de abril de 1809 los franceses entraron en el monasterio y hubo quien les indicó dónde estaban enterradas, llevándose gran parte de las alhajas junto con numerosísimas piezas del tesoro. Otra parte del tesoro y de los ornamentos más ricos, como los mantos más importantes, se trasladaron a Cádiz vía Sevilla, y a Madrid para salvarlos de las tropas francesas, tal y como hemos detallado páginas atrás al abordar los mantos y textiles de María Santísima de Guadalupe.

No obstante, este episodio no sería la única amenaza al tesoro artístico y al mismo Real Monasterio en el siglo XIX, pues pronto llegaría la dramática etapa de la desamortización, recogida por investigadores como Germán Rubio, F. Fernández Serrano o fray Sebastián García, este último en «Guadalupe: siete siglos de fe y cultura».

La imagen presenta la corona de fundición y uso habitual en las estampas y postales hasta 1928, año de la coronación canónica. Asimismo, viste terno o conjunto de brocado del siglo XVIII en tono marfil, rostrillo con las joyas de D. Manuel de Ovando y López de Ayala y porta en su mano derecha uno de los cetros primitivos y bastón de mando de carey y oro del rey Alfonso XIII.

En esta fotografía la Virgen de Guadalupe está coronada con la presea filipina del siglo XVII realizada en oro repujado y matizado. La imagen está revestida con manto, saya y terno de brocado de seda mostaza y plata. El rostrillo que presenta en esta ocasión es el del conjunto de Orfebrería Villarreal entregado en 1989 y uno de los cetros primitivos de cuantos conserva en uso.

La Virgen de Guadalupe con la presea de la coronación canónica del 12 de octubre de 1928 realizada en el taller madrileño de Félix Granda. En esta instantánea tomada el 8 de septiembre de 2019 la Virgen se presenta con el rostrillo de joyas de D. Manuel de Ovando y López de Ayala y el magnífico cetro de cristal de roca del siglo XVI enriquecido en el siglo XX con piedras preciosas. El manto es el antiquísimo mudéjar recuperado por fray Javier Córdoba de Julián en 2014. La efigie porta bastón de mando de carey y oro.

Esta cuarta corona es obra del taller de orfebrería fundado en los años 50 por Manuel Villarreal en Sevilla. La corona se entregó en 1989 tras la celebración del Año Mariano de 1987-88. Pertenecen a este taller y conjunto el rostrillo, el cetro y la corona del niño Jesús que ambas imágenes lucen en esta fotografía en la que visten el terno de brocado azul del siglo XX enriquecido por el taller de bordados del monasterio con una antiquísima cenefa de plata.

María Santísima de Guadalupe se presenta sobre estas líneas con el terno bordado en oro sobre tejido de seda rosa por Francisco Carrera Iglesias «Paquili» en Sevilla, donación de la Real Asociación de Caballeros de Santa María de Guadalupe en 2003 con motivo del 75 aniversario de la coronación canónica. En esta fotografía también luce el Toisón de Oro ofrenda de la Real Asociación en 1992 en el V Centenario del Descubrimiento de América, el collar reemplaza al desaparecido en la exclaustración de 1835, es una obra de Talleres Granda. La presea que porta la Virgen es la de su coronación canónica de 1928, obra también de Félix Granda.

4. EL CAMARÍN DE LA VIRGEN: ARQUITECTURA Y ARTE

EL CORAZÓN DEL REAL MONASTERIO

El espacio que conocemos como el camarín de la Virgen de Guadalupe es el corazón del Real Monasterio, un espacio que ha experimentado las modas de la arquitectura y del arte hasta su concepción actual. El camarín alberga el trono en el que se asienta la imagen de Santa María de Guadalupe y el habitáculo más íntimo del monasterio: el «joyel» o «vestidor» de Nuestra Señora, cuya construcción se remonta al siglo XIV, abierto en la torre de las campanas y comunicado directamente con el camarín o antesala del trono de Santa María.

En esta habitación las paredes están cubiertas de damasco granate, en ella se guardan los mantos y aderezos de la imagen. Los muebles de grandes cajones de ciprés con sus vistas talladas facilitan la conservación de los mantos y sayas, de los ternos que se emplean para los cambios de ropa que realizan los propios franciscanos, en concreto el sacristán mayor, fray Javier Córdoba de Julián, quien cuida el atavío de la imagen como un bien devocional, sin obviar que también es patrimonio material y, por supuesto, inmaterial, ya que la presentación de la talla revestida se asocia a una determinada forma y estilo que ha perdurado en los siglos tal cual se conoce hoy.

En el vestidor, cuya puerta cae justo enfrente de la puerta de acceso al camarín, se conservan piezas importantes del patrimonio monacal, como dos escritorios de madera guarnecida de coral, plata, carey y piedras de diversos colores, donación de los marqueses de Mejorada.

Al camarín actual se accede mediante una escalinata, amplia, desde la capilla de Santa Catalina. Es barroco de finales del siglo XVII. Para su construcción la Comunidad Jerónima contó con nombres como Matías Román, arquitecto a quien se debe el trazado de la planta tetralobulada del espacio, o Francisco Rodríguez Romero, maestro del camarín, enterrado en el templo, en la nave de Santiago, en un sepulcro donado por la Comunidad como muestra de gratitud por tan célebre obra.

El camarín de la Virgen de Guadalupe es una obra de arquitectura y ornamentación que se remonta al siglo XVII. Sobre estas líneas, postal del corazón del Real Monasterio, del camarín de la Santísima Virgen, de los hermanos García Garrabellas.

La ornamentación de este fue promovida por el prior fray Juan de Trujillo, quien optó por mármol rojo de Cabra, Córdoba, para los pavimentos y otros jaspes en los que se pueden apreciar fósiles, por ejemplo, en el centro del camarín o en el último peldaño de la escalinata de subida al mismo. Este prior ordenó la colocación de la barandilla de bronce bruñido en la escalinata, al igual que la decoración con finas escayolas de las cuatro bóvedas en forma de conchas invertidas sobre las que descansa la cúpula.

A fray Alonso de Madrid, platero y vidriero de la Comunidad Jerónima del Real Monasterio, el prior le encomendó embellecer el camarín con vidrieras. Además, fray Juan de Trujillo mandó instalar una serie de puertas en el acceso a la escalinata desde la capilla de Santa Catalina, otra en el propio camarín y otra para el vestidor o joyel. Estas puertas se encargaron a fray Alonso de Eslava de San Juan, de la Comunidad Jerónima de Córdoba.

En una primera etapa, la ornamentación del camarín fue promovida por el prior fray Juan de Trujillo.

Del napolitano Luca Giordano es la colección de nueve lienzos que decoran este espacio y corazón del monasterio, ofrenda del rey Carlos II —Luca Giordano era su pintor de cámara— tras superar una grave enfermedad, encomendándose a la Virgen de Guadalupe. En el Real Monasterio se rezaron rogativas, hubo procesiones, misas de alba y limosnas a modo de petición para la sanación del monarca en 1696.

En estas pinturas el artista napolitano representó episodios de la vida de la Virgen: el sueños de San Joaquín, el nacimiento de la Virgen, la presentación de María en el templo, los desposorios de la Virgen y San José, la Anunciación, la Visitación, la huida a Egipto, la Sagrada Familia y la Asunción de la Virgen. Luca Giordano se autorretrató en uno de estos nueve lienzos, en concreto en el margen inferior derecho de «Los desposorios de la

Virgen y San José», ataviado con una especie de blusa beige con gorguera y una sobrecamisa carmesí, con lentes. Dirige su mirada directa al espectador.

La decoración interior de la cúpula y linterna de esta estancia se desarrolla a modo de roleos, ménsulas y escudos labrados en escayola como el de la Orden de San Jerónimo o la alusión a la Virgen María en el simbolismo de un jarrón con azucenas.

De otro lado, el artista veneciano Francesco Leonardoni realizó en esta primera época de ornato las pinturas murales. Asentado en Madrid, a la muerte de Claudio Coello en junio de 1694 se le nombró pintor de la reina Mariana de Neoburgo, cargo que mantuvo en el reinado posterior de Felipe V. Su pintura se vio influenciada por las trazas de Luca Giordano, con quien coincidió en Guadalupe.

LA DECORACIÓN DEL CAMARÍN, SIGLO XVIII

El programa decorativo del camarín continuó tras la primera fase de construcción y ornamentación que podemos dar por concluida con la instalación de los nueve lienzos de Luca Giordano, a los que con posterioridad se sumarían los marcos tallados y dorados. En el priorato de fray Alonso de San Juan, durante el trienio 1733-1736, hay constancia documental de la enmarcación de seis de estas pinturas, unos marcos que el padre Francisco de San José describe así en su historia de 1743: «Cada una tiene su marco dorado, con grande variedad de talla por la parte de adentro y la de afuera, porque hace arco por ambas partes, que es lo que la Escultura llama arco contra arco (...)».

En esta imagen, tres de los nueve lienzos de Luca Giordano para el camarín de la Virgen de Guadalupe. De izquierda a derecha: la Visitación, la Anunciación y los desposorios de la Virgen y San José.

El siglo XVIII ha pasado a la historia como la centuria en la que se incorporan al camarín de Santa María de Guadalupe ocho esculturas de bella factura y ejemplo paradigmático, aunque no único, de la inserción de imágenes de las mujeres bíblicas en un programa iconográfico mariano. Las esculturas representan a María la profetisa, Débora, Jael, Sara, Rut, Abigaíl, Ester y Judid.

Las esculturas de «Las ocho Mujeres Fuertes» se incorporan durante el priorato del padre Francisco de San José entre 1736 y 1739. Este prior era un hombre versado en historia y en arte, culto y minucioso en sus descripciones sobre arquitectura y pintura. Encargó estas ocho esculturas junto a otras dos más: una para la Granja de Valdefuentes y otra para la Granja de Mirabel. Ambas, localizaciones palaciegas a escasos kilómetros de Guadalupe que los Jerónimos destinaban al retiro y al descanso propio y de ilustres personajes de la historia como los Reyes Católicos.

La autoría de estas esculturas es un tema de investigación y debate en el que han aparecido nombres como Luisa Roldán, «la Roldana» o Pedro Duque Cornejo, sobrino de esta y nieto del insigne Pedro Roldán, de quien fue discípulo, aunque no hay documento que atribuya estas imágenes a una autora o autor concreto.

Otro de los nombres que han sonado con fuerza entre historiadores e investigadores de la escultura del Barroco es el de Marcelino Roldán Serrallonga, nieto de Pedro Roldán e hijo de Marcelino Roldán Villavicencio, director del taller del célebre escultor tras la muerte de éste en 1699. A este autor apunta fray Germán Rubio en un artículo publicado en 1919 bajo el título «Las Mujeres Fuertes del Camarín», en el que dice: «Marcelino Roldán, primo de la Roldana, también sevillano y que murió en 1776 —el profesor José Roda Peña documentó y corrigió este dato ofrecido por Juan Agustín Ceán Bermúdez, siendo el año del deceso 1777— habiendo nacido en 1696, ¿no pudo ser quizá su autor? Ignoramos si se hicieron en Sevilla o en otra parte».

La incógnita suma otro nombre más, el de Pedro José de Uceda, no como autor, pero sí como mediador entre la Comunidad y Pedro Duque Cornejo, con quien colaboró en la Catedral de Sevilla en la pintura, dorado y estofado de las imágenes que Duque Cornejo realizó para el retablo de la capilla de San Isidoro en 1734.

Pedro José de Uceda trabajó, vivió y murió en Guadalupe. Este pintor del barroco sevillano llegó al Real Monasterio en el priorato de fray Francisco de San José para trabajar en la decoración del camarín, de hecho, las pinturas al temple llevan su firma. Recibió este encargo en 1736. El profesor e investigador Francisco Tejada Vizuete, después de estudiar detenidamente la obra de Duque Cornejo y de confrontar sus tallas con las esculturas de las ocho mujeres fuertes de Guadalupe, señaló en esta dirección.

A modo de apunte, también encontramos a las mujeres bíblicas ligadas a la Virgen de Guadalupe en Madrid, en el Monasterio de Nuestra Señora de la Visitación, más conocido como las Descalzas Reales. En el claustro alto de este enclave monacal llama la atención una obra única: la capilla o retablo de Nuestra Señora de Guadalupe, costeada en 1653 por la hija ilegítima del emperador austriaco Rodolfo II, Ana Dorotea, que profesó como religiosa del monasterio madrileño. La obra fue ideada y ejecutada por el artista Sebastián de Herrera Barnuevo (1619-1671), uno de los mejores exponentes del barroco pleno madrileño, que realizó la traza del retablo, las pinturas y la escultura de la Virgen titular de la capilla, una imagen perdida en el siglo XIX.

En esta obra, las mujeres bíblicas ocupan el fondo de la gran hornacina pintadas sobre espejos. La fuente literaria de la que beben estas representaciones o escenas la encontramos en los textos de Martín Carrillo Elogios publicados en Huesca en 1627 y en los que escribe sobre las mujeres insignes del Viejo Testamento, una obra conocida en el ambiente religioso del siglo XVII, tal y como explica el historiador del arte Cipriano García Hidalgo Villena.

Otro elemento de interés del camarín de la Virgen de Guadalupe es la lámpara de araña de cristal donada por la Duquesa del Infantado en 1738. Esta pieza estuvo con anterioridad en el crucero de la capilla mayor de la Basílica, pero tras la Guerra de la Independencia, a principios del siglo XIX, la Comunidad decidió trasladarla al camarín pues tras la contienda con los franceses la lámpara de araña de plata que la Duquesa de Arcos donó en 1748 a la Santísima Virgen había desaparecido.

Una portada de mármol da paso a la escalinata que conduce al camarín. La actual, de 1775, sustituye a la original levantada en 1696. Es una aportación de Juan Pintor, maestro de obras durante el priorato de fray Juan de Adamuz entre 1773 y 1776. También responden a este maestro de obras las portadas de la alacena de la plata, la exterior de la ante sacristía y la del panteón del monasterio.

Ya en la escalinata se puede contemplar una colección de lienzos anónimos del siglo XVIII que narran la leyenda y la historia de Santa María de Guadalupe a través de escenas como San Lucas tallando la imagen, la procesión de la Virgen de Guadalupe en Roma presidida por Gregorio Magno, el hallazgo de la imagen junto al río Guadalupejo, la entrega del santuario a la Orden de San Jerónimo, o la acción de gracias de cautivos liberados por Nuestra Señora de Guadalupe, entre otras.

La autoría de esta colección de lienzos no está definida por falta de documentos explícitos, aunque como señala el historiador fray Sebastián García todo apunta al artista Antonio Pons. Y es que el monasterio conserva las planchas y un grabado con la escena en la que la Virgen de Guadalupe recibe la visita de Alfonso XI, después de la victoria de la Batalla del Salado, así como la visita de los Reyes Católicos tras la toma de Granada. El pie de imprenta de estas planchas dice: «Antonio Pons lo inventó y delineó. Félix Prieto lo grabó en Salamanca en 1789».

Este grabado se replicará con toda precisión en una pintura, en un pequeño lienzo que existe en el Real Monasterio, en concreto en la biblioteca. La comparación de esta pintura con las de la colección de la escalinata de acceso al camarín, como concluye fray Sebastián García, lleva a pensar que Antonio Pons pudo ser el autor de las pinturas.

El panteón, cripta o capilla de los Siete Altares al que se accede desde la girola, justo detrás del ábside de la Basílica, es otra de las estancias incluidas en la arquitectura del camarín. Un total de seis escalones separan el nivel del suelo del nivel de la cripta, todos ellos pavimentados con mármoles blancos y negros, al igual que el suelo, los zócalos y los altares. A modo de octógono regular, en los altares y retablos de esta capilla pseudo subterránea se veneran las imágenes de Jesús atado a la Columna, Jesús Nazareno con la Cruz camino del Calvario, San Agustín de Hipona o San Francisco abrazando al Crucificado, entre otras, como una Virgen de Guadalupe con ráfaga, corona y manto tallado y policromado, obra contemporánea de fray Javier Córdoba de Julián.

San Joaquín y Santa Ana, obras anónimas que ocupan sendos altares de Pedro de la Roza en el edículo del trono.

De la historia de esta capilla también cabe destacar que, en el acta del último capítulo celebrado por los frailes jerónimos en el siglo XVII, el 17 de julio de 1699, el prior da cuenta de cómo doña Guadalupe de Lencastre, duquesa de Aveiro, había solicitado que se le adjudicara la cripta bajo el camarín y un nicho frente a la entrada del mismo, en la girola del templo, para adecentar una capilla que sirviera de enterramiento para sus descendientes y para ella misma. La Comunidad se lo concedió con la condición de que construyera y adornara la capilla y la surtiera de los ornamentos necesarios para el culto. Y así fue, la duquesa fue enterrada en el nicho de la girola en 1715. El cuerpo se trasladó a Guadalupe desde Madrid, donde falleció. Al Real Monasterio llegó el 19 de febrero, su cuerpo se inhumó en un sarcófago de mármol, mientras que su corazón, en una cajita de plomo, se enterró «debaxo de los pies de la Imagen, centro de su amor y esperanza». La cripta se restauró y recuperó para el culto en el año 2003.

LOS TRONOS DE MARÍA SANTÍSIMA A LO LARGO DE LA HISTORIA

A lo largo de la historia la Virgen de Guadalupe se ha presentado en el camarín sobre diferentes tronos a modo de peanas artísticas. Las primeras referencias se remontan al tercer prior secular, D. Diego Fernández, quien encargó un trono labrado en plata y decorado con pinturas esmaltadas. De esta obra hoy se conservan en el Real Monasterio seis piezas dispuestas en la conocida como «Arqueta de los esmaltes» o sagrario del Jueves Santo, realizado en el siglo XV por fray Juan de Segovia, autor que reutilizó estos seis esmaltes e incorporó nuevos relieves en plata y bronce con escenas de la vida de Cristo, mientras que la plata de éste se comercializó para financiar la guerra que el rey Juan I de Castilla disputó con Portugal entre 1383 y 1385. El prior que acató la venta de la plata y, por tanto, la pérdida de este trono fue D. Juan Serrano, cuarto prior secular.

Transcurrido el priorato secular, en 1389 el Real Monasterio recibe como nuevos moradores a la Orden de los Jerónimos. Bajo su estela se labra un nuevo trono que por necesidades patrias también se deshizo para ayudar en los conflictos bélicos al rey Juan II de Castilla (1406-1454). De este segundo trono tenemos noticias gracias a la crónica de viajes del alemán Jerónimo Münzer, quien lo describe como una obra de oro y marfil, iluminado por dieciséis lámparas de plata y plata sobredorada y en el centro de estas una principal donada por suscripción popular por los pastores de la zona. Esta composición artística y marco para la veneración de María Santísima de Guadalupe incorporó en el siglo XVI una reja de plata donada por la duquesa de Medina Sidonia.

Los libros de actas, como el de las «Capellanías, lámparas y bienhechores» del monasterio ofrecen datos de otros tronos, como el de una donación anónima hacia el año 1600 realizado en bronce dorado «con dos ángeles de plata a los lados y dos rosarios de plata alrededor y diez y siete engastes, a manera de canillas, con sus piedras; el qual todo, de plata y hechura, fue apreçiado en siete mil y seteçientos y nouenta y nueue reales, sobre el qual está la santa Ymagen de Nuestra Señora».

Arqueta de los esmaltes o sagrario de Jueves Santo en el que se conservan seis de estas escenas esmaltadas del trono primitivo de la Santísima Virgen.

Otra de estas obras fue el trono ofrecido por el secretario del virrey del Perú, también a principios del siglo XVII. Nicolás de Guevara aparece en los documentos como donante único de un trono labrado en plata y tasado entonces en cuatro mil ducados, enriquecido en 1625 con la intervención de los artistas Gonzalo Sánchez Picaldo y Juan García Becerro. Su intervención consistió en dorar y platear algunas piezas del trono.

En el tiempo alcanzamos el año 1653 y en la historia artística en torno a las peanas y tronos de la Virgen de Guadalupe aparece el marqués de Monesterio, D. Octavio Centurión, quien regala a la imagen un trono de factura genovesa del que se tiene constancia hasta 1809, cuando por orden gubernamental se protegió de las tropas francesas trasladándolo junto a otros enseres de valor del monasterio a la Real Tesorería de Sevilla. Desde entonces, jamás se supo del paradero de este trono que hoy conocemos gracias a los grabados de la época y a las descripciones publicadas por fray Juan de Malagón en 1672 y fray Francisco de San José en 1743.

> «(...) está colocada la Santísima Imagen en un magestuosísimo trono de plata, que la ofreció Octavio Centurión, Marqués de Monesterio habrá poco más de veinte años; dádiva la más peregrina y lustrosa que se ha hecho en éstos tiempos; está en forma de óvalo la peana, y es tan capaz, que demás del campo que la ocupa la Santa Imagen, la queda vuelo para que un coro de doce ángeles, que están sentados alrededor la estén cantando la gloria como a su Señora y Reina. La parte superior lo es tanto, que se haya en su descripción embarazada mi pluma. Presentó más éste devoto Marqués; dos coronas de oro imperiales de mucho peso, una para la Madre y otra para el Hijo, de maravillosa hechura, con bellos esmaltes, algunas piedras preciosas, esmeraldas y rubíes».
>
> Fray Juan de Malagón, 1672

> «Está en un nicho de plata, y llena toda la altura de este segundo cuerpo: las dos pilastras que le forman siguen el orden Dórico, sobre que assienta el architrave, y sobre él carga un hermoso friso, variado de flores y hojas de medio relieve baxo, que sirve de repisa a una Media Naranja ochavada, en que ay la misma obra. Tiene por remate un nicho de medio punto, con diferentes labores, para un Niño Jesús que abraza en medio, puesto de pies sobre su repisa, al que acompañan otras dos figuras encima de los macizos de las pilastras, en donde assienta el friso: sirve por escabelo de la Santísima Imagen un hermosíssimo Trono, vaciado todo de plata, que se forma de dos cuerpos: el primero, inmediato a la Santa Imagen, es ochavado, con diez y seis resaltes de medio circulo, dos en cada plano del ochavo, y abiertos con mucha talla: el segundo, que recibe a este primero, es en su forma perfectamente esphérico, variado su ámbito con figuras de talla entera, que le sirven como de orla, en que se quentan ocho Ángeles de a media vara, sen-

tados en sus repisas; unos con papeles de música en las manos, y otros tocando variedad de instrumentos (...); entre cada dos Ángeles media un pomo de muy curiosas labores, correspondiéndose estas hechuras con los resaltes del primer cuerpo: y a este modo juegan abaxo diferentes Seraphines: unos grandes, como de a dos palmos, batiendo a los pies las alas; y otros menores, que alternan con éstos, tendidas las alas, como que vuelan. Tiene otras muchas hechuras de media talla, que le dan vuelta enteramente, y en todo puso el arte tantos primeros como oímos celebran los entendidos. Sobre el mismo plano en que assientan el Trono, está a cada lado un Ángel de rodillas, con el ademán devoto de sustentarle en sus manos: y, de una parte a otra, pende variada y muy pulida, una orla, como de a media vara de ancho, con figuras de pajarillos y otras hechuras curiosas (...)».
Fray Francisco de San José, 1743

Después de la pérdida del trono genovés en 1809, la Comunidad Jerónima se decanta por el artista cordobés Cabrera Torres para la realización de un trono, sencillo, flanqueado por dos columnas corintias con basamento y capitel, coronado por un frontón partido. El trono sigue el modelo de los sepulcros de Enrique IV de Castilla y de su madre, María de Aragón, ubicados en los laterales del altar mayor de la Basílica del Real Monasterio.

Esta construcción tallada en madera hizo más bien de embocadura o marco de la imagen de la Virgen en el retablo mayor que de trono propiamente dicho o entendido como hasta ahora, ya que Santa María de Guadalupe se situaba desde principios del siglo XIX sobre una peana sencilla, adosado al retablo a modo de «galleta» o bisagra para permitir así la exposición de la imagen ante los fieles en la estancia del camarín, este trono de 1809 se conserva intacto en el Real Monasterio gracias al proyecto de conservación y restauración emprendido por fray Javier Córdoba de Julián coincidiendo con la última gran reforma de la hospedería.

Así, hoy lo encontramos en el recibidor de la hospedería como elemento decorativo de esta pequeña estancia y recepción. En el arco en el que se encontraba la peana con la Santísima Virgen ahora se enmarca un cuadro de un pelícano, símbolo del amor. Este pequeño retablo o trono estaba hasta su restauración repartido, años atrás, en piezas en diferentes espacios del monasterio;

incluso, sus dos columnas servían de pedestal para macetas con flores y plantas.

Todos estos tronos siempre se han ubicado en la pequeña capilla o edículo del camarín, en cuyo centro destaca entronizada, al menos desde el siglo XIV, la imagen de Santa María de Guadalupe, flanqueada por dos retablos barrocos con las esculturas de San Joaquín y de Santa Ana, padres de la Virgen. Mientras que las esculturas son de autor desconocido, los retablos son de Pedro de la Roza, tallista y maestro natural de Calzada de Oropesa, Toledo.

Esta pequeña capilla abovedada o capilla del trono contó antaño con pinturas al temple de Francesco Leonardoni, autor de una Anunciación perdida e irrecuperable en la reforma llevada a cabo a principios del siglo XX. Ya en 1960, en esta misma bóveda, Paulino Vicente Rodríguez García traza con maestría los escudos de los descubridores y conquistadores de América.

EL TRONO DE 1953: MÁRMOL, ORFEBRERÍA Y ESMALTES

En 1953, el Taller Granda de Madrid recibe el encargo de un nuevo trono para la Virgen de Guadalupe. La relación de este taller con los franciscanos estaba más que consolidada, lo que propició la firma del contrato que contó con el impulso de la Comunidad religiosa, la cooperación popular y la ayuda de la Dirección General de Bellas Artes bajo la dirección del arquitecto y conservador del monasterio, Luis Menéndez Pidal.

A él se debe el proyecto del nuevo trono y la restauración del templete que lo alberga y que enmarca a la imagen mariana en el retablo de la Basílica. El templete, a modo de baldaquino sustentado en columnas y pilastras, acoge el trono de orfebrería y esmaltes que gira mediante un sistema de acción manual que permite presentar a la Virgen ante los fieles tanto desde el retablo, como desde el camarín al que cada día acceden peregrinos y devotos para orar frente a la imagen y depositar sus besos en un relicario que pende de su manto.

Las pilastras de este templete son de bronce con el fondo de mármol, al igual que las columnas rematadas con capitel, basas y molduras clásicas. De cada pilastra y columna nacen los cuatro arcos decorados con parejas de ángeles cantores y esmaltes que evocan a Santa María de Guadalupe, además de conchas y cuernos de la abundancia, que simbolizan el fruto de la devoción mariana, en los laterales, enriquecidos con puntas de diamantes, prismas y cabecitas de ángeles. La bóveda de crucería —que resulta de estos arcos— presenta a modo de clave una estrella de ocho puntas con un esmalte de la Santísima Trinidad. Es aquí, bajo esta bóveda, donde se ubica el trono de orfebrería labrado en oro, plata y bronce, y guarnecido de piedras preciosas y esmaltes.

El trono en sí está formado por una peana y un tríptico. La peana es de bronce. En su centro presenta un relieve con el tema de los conquistadores, al que se suman dos ángeles en oración. En los laterales aparecen relieves con los aborígenes de América que escuchan la predicación de un misionero franciscano en presencia de la Virgen de Guadalupe. Un jarrón de azucenas repujado en el bronce y el escudo de la Orden de San Jerónimo completan los laterales de la peana, mientras que en su parte posterior se optó por un relieve que representa a los santos.

En cuanto al tríptico, su función es la de enmarcar la imagen a la par que es frontera visual y fondo del sagrado icono ante los fieles. Su carga simbólica y el estudio iconográfico que presenta lo convierten en una obra singular y única en el panorama artístico y devocional del mundo. Los esmaltes se distribuyen tanto en la cara exterior, como interior del tríptico, su disposición sigue un discurso catequético, franciscano, devocional e histórico en torno a la Virgen de Guadalupe.

Tal es su interés, que cabe reseñar la ubicación de las escenas partiendo del análisis visual y de la revisión bibliográfica al respecto, como la descripción que publicó fray Sebastián García Rodríguez en «El camarín de Guadalupe. Historia y esplendor».

En el interior del tríptico, es decir, en la cara que envuelve a la imagen o anverso, aparecen a modo de arco central las escenas de la corona franciscana, las siete alegrías de la Virgen María:

1. La Encarnación del Hijo de Dios
2. La visita de la Virgen María a su prima Isabel
3. El Nacimiento del Hijo de Dios
4. La Adoración de los Reyes Magos
5. El hallazgo del Niño Jesús en el templo
6. La aparición de Jesús resucitado a la Virgen María
7. La Asunción y Coronación de la Virgen Santísima

Bajo este arco de siete esmaltes, forman una columna las siguientes representaciones pictóricas, de arriba abajo y a la izquierda para el espectador:

1. Un ángel con la inscripción «*Salve, Regina, Mater misericordiae*»
2. Santa Ana con María en su regazo
3. Presentación de María en el templo
4. Desposorios de María con San José
5. Sagrada Familia
6. Ángel con inscripción «*Ora pro Nobis, Sancta Dei Genitrix*»
7. Presentación del Niño en el templo
8. Huida a Egipto
9. Venida del Espíritu Santo
10. Inmaculada Concepción
11. Ángel mostrando unas rosas

Mientras que a la derecha del espectador las escenas bajo el arco central del anverso son:

1. Ángel con la inscripción «*Benedicta tu inmulieribus*»
2. Oración en el huerto
3. Flagelación del Señor
4. Coronación de espinas
5. Jesús con la cruz a cuestas
6. Ángel con la inscripción «*Regina Sacratissimi Rosarii*»
7. Cristo crucificado
8. María con el cadáver de Jesús sobre sus rodillas o La Piedad
9. La Resurrección de Cristo
10. Coronación de la Virgen
11. Ángel con la inscripción INRI

El fondo de esta zona central, flanqueada por las columnas de once esmaltes, sigue un diseño de estrellas de ocho puntas con reminiscencias mudéjares. Las estrellas enmarcan en su interior pinturas con la flora y fauna de Las Villuercas. Sobre este fondo se presenta a los fieles desde 1953 la imagen revestida de la Virgen de Guadalupe.

En cuanto a los laterales del tríptico, también en el anverso, aparecen los doctores de la Iglesia de Occidente y de Oriente a modo de pequeño friso superior. Cada panel consta de tres esmaltes con tres de los cuatro doctores de la Iglesia y siete esmaltes en vertical en los que se representan a seis apóstoles y a un doctor de la Iglesia: San Jerónimo, titular de la Orden Jerónima, y San Gregorio Magno, vinculado con la leyenda guadalupense.

En el panel izquierdo para el espectador, los Apóstoles son de arriba abajo:

1. San Pedro y las llaves como iconografía identitaria
2. San Mateo que porta en su mano derecha el Evangelio y en la izquierda una bolsa para monedas como recaudador de impuestos
3. San Judas Tadeo y un hacha en su mano izquierda como iconografía identitaria
4. San Andrés porta una cruz en aspa
5. Santiago el Mayor representado con el bordón de peregrino
6. Santo Tomás lleva en su mano izquierda una lanza que lo identifica
7. Y San Jerónimo, doctor de la Iglesia

Mientras que en el panel derecho para el espectador los esmaltes son:

1. San Pablo y su espada como iconografía identitaria
2. San Juan con el cáliz del que brota un dragoncillo
3. Santiago el Menor porta una escuadra que hace referencia a su condición de carpintero
4. San Felipe alza con su mano derecha una cruz latina como iconografía que lo identifica
5. San Bartolomé porta el cuchillo de su martirio
6. San Simón representado con un libro y una sierra símbolo de su martirio
7. Y San Gregorio Magno, doctor de la Iglesia

En estas columnas laterales de siete esmaltes que forman los Apóstoles, junto a San Jerónimo y a San Gregorio Magno, fray Sebastián García Rodríguez realiza una descripción errónea tanto por la disposición, como por la identificación del Apostolado a juzgar por el análisis visual de la obra llevado a cabo a través de fotografías e *in situ*.

Además, si contrastamos el análisis visual con el proyecto original del arquitecto conservador del monasterio para el trono de la Santísima Virgen de Guadalupe estamos en condiciones de afirmar que el dibujo inicial proyectado por Luis Menéndez Pidal se modificó al menos en dos cuestiones: las columnas de esmaltes de la tabla central se diseñaron con diez escenas en el proyecto original, mientras que la obra de los talleres Granda incluyó un total de once esmaltes, uno más de lo previsto por columna; además se rediseñó el exterior de los paneles laterales para los que en origen se contemplaban cuarenta y dos motivos rectangulares y ovalados, mientras que el taller optó finalmente por veinte esmaltes dispuestos de forma similar a la decoración interior de los laterales del tríptico, es decir, tres esmaltes en la zona superior a modo de friso y siete esmaltes en vertical que presentan forma de estrella de ocho puntas.

La cara exterior del trono recoge escenas de la hagiografía franciscana. El friso superior del panel izquierdo lo forman estas tres representaciones:

1. Aparición de Cristo a San Francisco en la Porciúncula
2. San Francisco con el hermano lobo
3. Impresión de las llagas a San Francisco de Asís

La columna de esmaltes bajo este friso presenta las siguientes escenas:

1. San Francisco de Asís
2. San Antonio de Padua
3. San Buenaventura
4. San Pedro de Alcántara
5. San Francisco Solano
6. San Jaime de la Marca
7. San Fernando rey

De otro lado, el exterior del panel derecho contempla a modo de friso superior los esmaltes de:

1. Aparición de María a Santa Clara
2. Santa Clara en su jardincillo
3. Muerte de Santa Clara

Y forman una columna bajo este friso las siguientes representaciones esmaltadas:

1. Santa Clara de Asís
2. Santa Catalina de Bolonia
3. Santa Isabel de Portugal
4. Santa Verónica Giuliani
5. Santa Isabel de Hungría
6. Santa Margarita de Cortona
7. Santa Coleta

El exterior de la parte central del trono evoca los hechos más notables de las leyendas e historia del santuario y de la propia Virgen de Guadalupe en treinta y dos esmaltes y cuatro más en la fila inferior en los que aparecen parejas de ángeles sustentando un pergamino con inscripciones.

Las escenas de estos treinta y dos esmaltes que vamos a clasificar en seis áreas temáticas son, de izquierda a derecha, y de arriba abajo, para el espectador:

Leyenda e historia de la imagen

1. San Lucas Evangelista talla la imagen de la Virgen de Guadalupe
2. Enterramiento de la imagen con el cuerpo de San Lucas en Arcaya
3. Procesión de rogativas en Roma con la imagen, presidida por Gregorio Magno
4. San Leandro recibe la imagen en el puerto fluvial de Sevilla
5. Aparición de María Santísima al pastor Gil Cordero
6. El descubrimiento de la imagen junto al río Guadalupe

Hitos históricos del siglo XIV

1. Victoria en la Batalla del Salado por intermediación de María Santísima implorada por Alfonso XI en 1340
2. Acción de gracias de Alfonso XI por la victoria en la Batalla del Salado
3. Toma de posesión del santuario por la Orden Jerónima en 1389

La conquista de América y visitas ilustres en el siglo XV

1. Visita de los Reyes Católicos en 1492
2. Visita de Cristóbal Colón en 1486
3. Voto de Cristóbal Colón en alta mar en 1493
4. Conquistadores de América en Guadalupe
5. Visita del cardenal fray Francisco Jiménez de Cisneros

Visitas ilustres en el siglo XVI

1. Carlos V en Guadalupe
2. Felipe II en Guadalupe
3. Cautivos ante la Virgen de Guadalupe
4. Juan de Austria en Guadalupe
5. Miguel de Cervantes ante la Virgen de Guadalupe

Artes y oficios en el Real Monasterio

1. Cirugía y medicina en el Real Monasterio
2. Taller de bordados del monasterio
3. Escribanía de códices
4. Escultura y orfebrería

Santos y santas en Guadalupe

1. Visita de Santa Teresa de Jesús
2. Aparición de la Virgen de Guadalupe a San Juan de Dios
3. San Pedro de Alcántara reza ante la imagen de la Virgen de Guadalupe
4. Visita de San Antonio María Claret

El siglo XX, luces y sombras

1. Los Franciscanos llegan al Real Monasterio en 1908

2. Coronación de la Virgen de Guadalupe en 1928
3. Asedio del monasterio en 1936
4. Liberación del asedio en 1936
5. Visita apostólica del Papa San Juan Pablo II en 1982

El marco de estas escenas está decorado en las esquinas con los símbolos de los cuatro evangelistas, en el centro, tanto superior como inferior, se optó por dos esmaltes de Santiago el Mayor. El conjunto lo remata a modo de ático un relieve con las armas pontificias.

Izquierda: El trono del siglo XIX se conserva en el vestíbulo de la hospedería del monasterio. La Comunidad Jerónima encargó este trabajo al artista cordobés Cabrera Torres. Derecha: Trono contemporáneo de la Santísima Virgen de Guadalupe. Es una obra de 1953 del taller de Félix Granda en la que se conjugan la orfebrería y el mármol con más de un centenar de esmaltes y escenas. En la imagen, parte posterior del trono.

Detalle de los esmaltes con escenas de la historia de la Virgen de Guadalupe de los 36 que decoran la parte posterior del trono.

El trono girado hacia la Basílica con la Santísima Virgen que preside el retablo expuesta a la veneración de los fieles.

5. RITUALES Y CULTOS EN GUADALUPE

A SOLAS CON LA VIRGEN DE GUADALUPE

«Para mí la Virgen de Guadalupe es algo muy especial. Yo estoy en Guadalupe por Ella». Fray Javier Córdoba de Julián, sacristán mayor del monasterio, expresa así un sentimiento que muy pocos han tenido la ocasión de vivir: el de estar a solas con María Santísima de Guadalupe, cuidar de su ajuar y ataviarla en la intimidad de su camarín, en el corazón del Real Monasterio.

Las vivencias de este franciscano junto a la Madre son innumerables, muchas de ellas quedarán para siempre en su recuerdo, como aquél que conserva de su infancia en Cuenca, donde sin conocer a la Virgen de Guadalupe siempre mostró interés por una «virgen morenita» que aparecía como ejemplo del románico en una enciclopedia de arte, refugio del pequeño y curioso Javier.

«La Virgen de Guadalupe siempre me ha llamado, al principio aún sin conocerla pues jamás asocié la fotografía de la Virgen morenita vestida con el manto rojo bordado en oro de aquella enciclopedia con Ella, con Nuestra Madre», explica con la naturalidad del que habla de un miembro más de la familia. «En esa fotografía me gustaba mucho, disfrutaba viéndola, pero no sabía dónde estaba, no sabía nada de Ella, tan solo me atraía la imagen», dice.

Y así, «cosas de la vida», fray Javier cuenta cómo «Ella quiso que viniera a parar aquí, a esta casa, y aquí estoy, fraile de la Provincia Bética». Llega el momento de preguntar por la vivencia más íntima, por esos instantes en los que la imagen es despojada de sus ropas para lucir un nuevo manto, un nuevo color que busca casar con el tiempo del calendario litúrgico.

Fray Javier Córdoba de Julián recuerda a la Virgen de Guadalupe de su infancia con el manto rojo y oro bordado a finales del siglo XVIII. Esta es una de las estampas y postales tradicionales de la Virgen desde mediados del siglo XX.

«Para mí es muy especial. Es muy significativo y emocionante cada vez que hay que acercarse a Ella. Lo hago con mucho respeto y reverencia por lo que representa, es una escultura, sí, estamos de acuerdo, pero en esos instantes piensas que ante esa imagen se han postrado reyes, emperadores, papas, santos, peregrinos y gente humilde y sencilla a montones». De sus palabras se desprende la emoción del privilegio, de las manos que hacen posible el atavío impecable de la Santísima Virgen de Guadalupe.

«Es una imagen pequeñita, tosca si quieres, pero sin embargo tú la contemplas y tiene una serenidad —se hace un silencio pausado— la imagen transmite; transmite y mucho. Entonces para mí eso es muy emotivo», indica para insistir en lo que piensa en esos momentos. «Cada vez que estoy delante de Ella se lo digo: "Madre, soy insignificante ante todo lo que se ha postrado ante Ti". Si esta imagen atrae es por algo, es muy emotivo».

Preguntado por el momento que vive con mayor intensidad y emoción, fray Javier no lo duda: los días de la Novena en septiembre y, en concreto, del seis al nueve del mencionado mes. «En los días de la fiesta de la Virgen es cuando más fervor puedes ver y sentir de manera directa. El seis de septiembre la gente que abarrota la Basílica está ansiosa ante la bajada de la imagen del camarín a la Cama de la Mora. Ahí hay tensión, sientes una emoción nerviosa o una nerviosa emoción que te marca», concluye este buen hombre franciscano consciente de que María Santísima de Guadalupe le eligió como el mejor de sus custodios.

LA «CAMA DE LA MORA» Y LA ESCENOGRAFÍA BARROCA

Las manifestaciones populares cuentan siempre con momentos especiales y fervorosos en los que el fiel o el espectador vive en primera persona la eclosión de una emoción contenida que en Guadalupe se manifiesta cada seis de septiembre, solemnidad patronal de Santa María de Guadalupe. Más allá de la procesión claustral en la mañana de su festividad del ocho de septiembre, el pueblo espera como el mejor de los prólogos al acontecimiento procesional la bajada de María Santísima desde su camarín, una cita que sigue un marcado ritual ancestral y que reúne en la Basílica a miles de personas, tratándose de un acto público a la par que íntimo.

El acto es público porque está abierto a cuantos se suman en la tarde del seis de septiembre a la celebración del novenario, que ese día comienza a las 19:30 horas, e íntimo porque en el acto en sí solo forman parte activa la Comunidad Franciscana y los sacerdotes y autoridades eclesiásticas que esa tarde han concelebrado la eucaristía.

Altar mayor de la Basílica con la «Cama de la mora» montada a la izquierda y en el centro el baldaquino barroco para la celebración del 8 de septiembre.

La traslación de la sagrada imagen desde su trono al presbiterio, o lo que es lo mismo, la bajada del camarín de la Virgen de Guadalupe al espacio preminente en el baldaquino barroco que ocupará durante la solemnidad de la Natividad de la Santísima Virgen María, previo paso por la «Cama de la mora», sigue un patrón para el que incluso ya se ha solicitado la declaración de Interés Turístico Regional.

A la finalización de la novena, la *comunidad franciscana*, con el padre guardián al frente y los sacerdotes concelebrantes suben en procesión hasta el camarín. Las campanas y los carrillones anuncian este momento. La procesión parte hacia la nave de Santa Paula hasta la Sacristía. El hermano sacristán se asegura de que todas las puertas están cerradas, bajo llave, para que nadie ajeno a la comitiva espiritual pueda acceder a tan misterioso y emocionante acto.

Ahora tan solo unos peldaños separan a los religiosos de la Santísima Virgen, dispuesta en su trono, un trono que gira ante la atenta mirada de los fieles y devotos que desde la Basílica oran y cantan para hacer más llevadera la espera. ¿Qué está sucediendo en el camarín en esos instantes?

Los fieles se agolpan en el templo cada 6 de septiembre para presenciar la aparición de la Santísima Virgen en la «Cama de la mora».

Fray Javier Córdoba de Julián, sacristán mayor y responsable del atavío de la Virgen, en conversaciones con el autor de esta publicación, explica al detalle el ritual en sí, en el que hay días y noches de trabajo previo al seis de septiembre, por ejemplo, para el montaje del baldaquino central en el altar mayor o la estructura de la «Cama de la mora».

«El día de la bajada, durante la celebración de la eucaristía los sacristanes nos encontramos ya en el camarín. Cuando finaliza la misa giramos de manera inmediata el trono para comenzar a desvestir a María Santísima», aquí empieza todo.

Esta labor, que se realiza con la imagen aún en el trono, marca el inicio del ritual en el que nadie ve a la Virgen sin sus mantos y sayas. «Antes de mover la imagen del trono, en el centro del camarín tenemos preparado un altar. Es una mesa sobre una alfombra, todo ello adornado con cirios y flores», comenta fray Javier, para explicar que una vez desvestida, la sagrada imagen se traslada a este altar efímero y se cubre con un velo blanco antiquísimo, cuajado de bordados. «La imagen no debe verla nadie», dice.

Junto a este altar de la Virgen en el camarín, se monta otro espacio regio para la imagen del Niño Jesús, que se deposita sobre una bandeja antigua de cristal de roca ya cambiado de ropa a juego con el conjunto que lucirá la Virgen de Guadalupe en sus fiestas de septiembre. Este conjunto y los enseres con los que se revestirá la imagen de la Virgen en el altar mayor se presentan sobre una mesa en uno de los laterales del camarín.

Estos actos previos a la bajada de la Virgen se realizan a puerta cerrada. En el camarín solo están los sacristanes. «Cuando está todo colocado, abrimos y suben en procesión los sacerdotes y los hermanos franciscanos. Una vez en el camarín el superior inciensa la imagen de la Virgen y se procede a repartir la ropa y el ajuar entre los asistentes» que son los encargados de trasladar estas piezas hasta la puerta de la «Cama de la mora».

Así, se inicia la procesión de bajada por la escalera del camarín, pasando por las naves de Santa Catalina y Santa Paula para recorrer el pasillo de la girola, pasar por la puerta de la capilla de los Siete Altares y de ahí a la cámara o «Cama de la mora». «Primero pasa la imagen de la Virgen, se la viste. Una vez vestida, la comunidad y el clero pasan al altar mayor, es un ceremonial que se celebra con devoción, pues para nosotros es la Señora de la casa, los monjes la llamamos así, y hay que tratarla como tal, es una tradición muy antigua y la conservamos», comenta fray Javier.

Los encargados de portar la imagen en la bajada son el superior y el sacristán mayor, mientras que el nueve de septiembre, la subida de la Virgen la realizan el superior y el párroco. Este traslado se facilitó tras la restauración del profesor Francisco Arquillo en 1984, ya que el pollero o estructura de plata que protege la imagen cuenta con unas asas laterales. En todo este trayecto la imagen va tapada, siempre, bajo el antiquísimo velo cuajado de bordados.

Bajada o traslado de la Virgen de la Cabeza de
Andújar (Jaén) en la romería de 2019.

Con la imagen ya en las inmediaciones del altar mayor, es el momento de posar la talla en la peana de plata del taller de orfebrería de Manuel Villarreal, dispuesta bajo el dosel y los cortinajes burdeos de la «Cama de la mora» ubicada en el lado del Evangelio de la nave principal del templo. La «Cama de la mora» es una construcción efímera dispuesta con telas de Milán y terciopelo de Damasco, regalo de la reina Isabel de Borbón en 1631.

La comitiva accede al altar mayor por la pequeña puerta que comunica este espacio con la capilla de San Gregorio. El rito representa los siglos que la imagen permaneció oculta. Antes de alzar los cortinajes de la «Cama de la mora» hay que revestir la imagen con el terno o conjunto rico de cuantos posee en uno de los ajuares marianos más importantes de la cristiandad por su valor artístico e histórico.

La emoción y los vítores inundan el ambiente cuando la Santísima Virgen de Guadalupe aparece tras los cortinajes que tan solo permanecerán alzados unos minutos. De nuevo, la imagen cubierta tras los damascos y terciopelos desaparece a la vista de todos en recuerdo del tiempo que permaneció oculta en Las Villuercas.

En la mañana del siete de septiembre, tras la celebración de la eucaristía de peregrinos, la *comunidad franciscana* traslada la Virgen al centro del presbiterio, bajo un majestuoso baldaquino, desde el que presidirá las fiestas en su honor. La imagen regresa de nuevo a su camarín, con este mismo ritual, pero a la inversa, el nueve de septiembre.

El cronista guadalupense Antonio Ramiro Chico describe este momento con palabras de las que se desprende el peso de la historia. Una descripción que más allá del halo poético y romántico del autor, traslada al lector a la acción y a los pasos que se siguen en este traslado que ya hemos visto, pero que por su interés literario reproducimos. Lo primero, recordemos, desproveer a la imagen del manto y la saya para ubicarla en una mesa y altar en el centro del camarín, y así:

> «Con mucho tacto y cuidado la levantan de su trono, como ninfa que despierta y la depositan sobre una mesa en el centro del camarín. En el silencio crepuscular un velo blondeado de tisú e hilos de oro cubre su rostro, como Doncella sin mancilla, como los rayos del sol se ocultan en el horizonte, mientras que el padre guardián recita una breve oración e inciensa la sagrada Imagen. Instantes después, toman a su querido Hijo de entre sus brazos, para poder sentir por un momento esa maternidad divina y lo colocan en un azafate de oro, que al igual que las joyas y vestidos que visten y adorna a Nuestra Señora es distribuido entre los asistentes. Los jóvenes frailes portan las dos medias lunas de plata, que sostienen el bies del manto, para formar esa silueta triangular. El ministro provincial, recibe sobre sus hombros la fina seda y brocados que lleva su rico manto. Comienza el cortejo procesional entonando a coro solemne el Magnificat, andando por el sendero que todo hijo suyo ha caminado alguna vez, al subir hasta su trono, aunque en esta ocasión, no es el pecho del cristiano el que se dilata, sino el corazón de Madre, porque baja al encuentro de su pueblo que le aguarda impaciente y expectante. Cruzan las naves de Santa Catalina y Santa Paula hacia la girola de la Basílica, momento también intenso porque ya se escuchan los rezos y plegarias de todos aquellos que aguardan, mientras un padre franciscano desde el presbiterio, con palabras salidas espontáneamente de su boca, como borbollones, alienta la espera y hace vibrar hasta el último fiel del templo».

Vivir en primera persona esta manifestación de fe, este ritual cargado de valor simbólico, de cultura enmarcada en la religiosidad popular, supone una profunda experiencia espiritual para el creyente y un acto cargado de matices y expresiones etéreas con ciertos paralelismos a otras representaciones del momento en el que la Virgen María se «aparece» a los fieles despertando sentimientos, fervor y emoción.

Hablamos de un auto de fe cuya forma de proceder es innata a una creencia. Como hemos visto, en Guadalupe este encuentro con la Santísima Virgen se produce en la «Cama de la mora», un ritual que guarda similitud con otras tantas bajadas o descensos del camarín de imágenes marianas, como el acto de la Basílica y Santuario de Nuestra Señora del Pino de Teror en Gran Canaria, en este enclave la tradición del descenso de la imagen desde el camarín al altar mayor se remonta al siglo XIX; o el traslado de la Virgen de la Cabeza de Andújar, en Jaén, del camarín a las andas y de estas al altar exterior para la celebración de la misa pontifical y de nuevo al paso para la procesión de esta antiquísima romería.

La bajada de la Virgen de la Cabeza se realiza, como en Guadalupe, portando la imagen en brazos, a diferencia de la Virgen del Pino de Teror, para cuyo descenso se emplea un sistema de poleas y una rampa que podemos ver en otros santuarios o hermandades, por ejemplo, en la Virgen de la Estrella Coronada de Toledo, en un acto íntimo y abierto solo a un reducido grupo de hermanos, o en la Basílica de Nuestra Señora la Virgen del Prado de Talavera de la Reina (Toledo) cuyo sistema de bajada responde a una rampa de acción manual mejorado en 1957 con motivo de la coronación pontificia de la imagen que en contadas ocasiones desciende de su camarín para procesionar. De hecho, la última vez fue en 2011 y estaba previsto que regresara a las calles de su ciudad el dos de mayo de 2020 en el marco de unas Jornadas de Juventud pospuestas *sine die* a causa de la pandemia de la Covid-19 y el estado de alarma decretado por el Gobierno.

Otras imágenes que descienden de su camarín a la vista de los fieles como un acto propio en su calendario de celebraciones son, por ejemplo, la Virgen de la Victoria, patrona de Málaga y su diócesis; la Virgen del Martirio, patrona de Ugíjar y de la Alpujarra granadina; la Virgen de San Lorenzo, patrona de Valladolid; o la Virgen de Gracia, patrona de Carmona (Sevilla) que con más de siete siglos de devoción desciende de su altar para presidir el altar mayor de la iglesia prioral de Santa María cada mes de septiembre durante la novena en su honor. Una vez fuera del camarín y antes de ubicarla en el altar de la novena, la Virgen de Gracia queda expuesta en un besamanos multitudinario. De ahí pasará a la sacristía, donde es velada durante toda una noche. Al día siguiente se le cambia el atuendo, siendo las Hermanas de la Cruz de Carmona las encargadas de esta delicada tarea.

El montaje de aparatos escénicos para estos actos y cultos es otro de los paralelismos que encontramos en lo que vamos a denominar la bajada y también ascenso de María Santísima a su camarín, trono o retablo. Y es que la «Cama de la mora» es en Guadalupe lo que el Monumento de la Catedral de Santa María Magdalena de Getafe, en Madrid, es a la Virgen de los Ángeles, cuya imagen, tras el traslado desde su santuario al templo principal de la localidad, aparece ante el público el sábado víspera de Pentecostés en el acto de la Salve o representación de la Asunción de Nuestra Señora de los Ángeles al cielo. La música en directo y los cánticos de los fieles culminan cuando la imagen aparece entre nubes, ángeles y un gran resplandor o sol, iluminada por candelabros y luces, bajo el pabellón Real que envuelve la escena que se desarrolla en el altar mayor del templo catedralicio.

Bajada del camarín de la Virgen del Martirio de Ugíjar, Granada.

Sistema de rampa y poleas que se emplea para la bajada del camarín de la Virgen de la Estrella de Toledo.

Monumento de la Catedral de Santa María Magdalena de Getafe, Madrid. En este escenario efímero se desarrolla la representación de la Asunción de Nuestra Señora de los Ángeles.

Subida de María Santísima de la Asunción de Cantillana, Sevilla, a su retablo. El recorrido ascensional es todo un alarde de devoción cargado de efecto barroco.

La Hermandad de la Divina Pastora de Cantillana, Sevilla, monta para los cultos en honor a su titular una escenografía y altar efímero simulando un risco presidido por la Divina Pastora de las Almas desde la noche del 31 de agosto.

Estas representaciones también se conservan en diferentes puntos de Andalucía. Cantillana, en la provincia de Sevilla, es un buen ejemplo con la fiesta de la Subida de María Santísima de la Asunción la antepenúltima semana de septiembre o el traslado al risco de la Divina Pastora en la noche del treinta y uno de agosto. En estos casos, el efecto barroco perdura con un guion patrimonio cultural inmaterial que después de siglos mantiene la esencia devocional para la subida de las imágenes a sus retablos o espacios efímeros levantados para sus cultos anuales.

El momento álgido de la Subida de María Santísima de la Asunción de Cantillana se produce cuando doce niños, que representan a los apóstoles, rodean el sepulcro de María Santísima en pleno altar mayor en el que se instala un graderío repleto de pequeñas ataviadas de ángeles. Tras el diálogo de los apóstoles con el arcángel mensajero y la interpretación con acompañamiento musical de unas coplas del siglo XIX y del himno Asuncionista, palomas blancas salen del sepulcro y la Asunción Gloriosa comienza a elevarse entre pétalos de flores y ofrendas de los ángeles durante todo su recorrido ascensional. Cuando llega a su trono es coronada con diadema de estrellas mientras suena la marcha Real.

En Cantillana también es reseñable el traslado al risco de la Divina Pastora, un acto que comienza con la imagen de la Virgen y del Niño en andas de plata para recorrer las naves del templo parroquial hasta el risco levantado en el altar mayor. El risco es en este caso una escenografía sacra y efímera que actúa como altar de cultos para las fiestas en honor a esta gran devoción. El culmen del traslado eclosiona cuando la Divina Pastora aparece en las laderas del risco y asciende hasta su cima, iluminándose la escenografía pastoreña a los sones del himno nacional.

LA PROCESIÓN DE LA REINA DE LAS VILLUERCAS Y SU PASO DE PLATA

La Virgen de Guadalupe procesiona cada ocho de septiembre por el claustro mudéjar del Real Monasterio y por las naves de la Basílica en olor de multitudes. A esta fecha fija se suman las procesiones extraordinarias que la Santísima Virgen ha protagonizado a lo largo de la historia y que incluyeron en su itinerario el atrio del templo y la plaza exterior que lleva su nombre. En el siglo XXI este acontecimiento extraordinario se ha vivido hasta la fecha en dos ocasiones: el doce de octubre de 2003, en el 75 Aniversario de la Coronación Canónica de María Santísima con presencia de Su Majestad la reina Doña Sofía, y el ocho de septiembre de 2010 en la clausura del Año Jubilar 2009-2010, jubileos que concedió el papa Santo Juan Pablo II en el año 2005 siempre y cuando la solemnidad litúrgica de la Virgen de Guadalupe, el seis de septiembre caiga en domingo, un hecho que sucede con una cadencia matemática de seis, cinco, seis y once años, es decir, 2020, 2026, 2037, etc.

La plaza Santa María de Guadalupe ha sido honrada con la presencia de la Virgen en ocasiones extraordinarias, como el 8 de septiembre de 2010 con motivo de la clausura del Año Jubilar.

A estas dos procesiones extramuros del templo en el siglo XXI hay que sumar la procesión del doce de octubre de 1978, en el 50 Aniversario de la Coronación Canónica de la Virgen de Guadalupe en presencia de Sus Majestades los Reyes de España, del Príncipe de Asturias y de las infantas. Aquella jornada del siglo XX comenzó a primera hora de la mañana con la llegada de la familia real y el desfile de la compañía del colegio de guardias jóvenes Duque de Ahumada de la localidad madrileña de Valdemoro.

La Virgen de Guadalupe inicia el traslado del altar mayor al paso procesional portada en la peana y andas de Orfebrería Villarreal, Sevilla.

Sus Majestades inauguraron la escultura de San Francisco de Asís instalada en el atrio de la Basílica, donación del escultor extremeño Enrique Pérez Comendador; acto seguido se celebró la eucaristía en este mismo emplazamiento con la Virgen de Guadalupe en el altar efímero levantado para la ocasión. La ceremonia litúrgica estuvo a cargo del franciscano, por entonces arzobispo de Tánger, fray Carlos Amigo Vallejo, ordenado cardenal en el año 2003. Finalizada la eucaristía, la Virgen de Guadalupe recorrió en procesión la plaza principal del municipio. Vestía el conocido como manto rico de la Comunidad y lucía la presea de la Coronación Canónica de 1928, obra del taller de Félix Granda. La jornada concluyó en el llamado auditorio o iglesia nueva con los discursos institucionales del prior, del director del Instituto Iberoamericano de Cooperación, del decano del cuerpo diplomático de Iberoamérica y del rey Juan Carlos.

De la procesión de cada ocho de septiembre es importante reseñar la multitud de fieles y devotos que acompañan a la Santísima Virgen en su recorrido claustral, muchos lo hacen de rodillas a modo de promesa o petición, también en acción de gracias por los favores concedidos. Es habitual ver a mujeres arrodilladas recorriendo el itinerario procesional abanico en mano y con el consejo y el alivio de un familiar que les acompaña de pie a su lado. Otros optan por hacer el recorrido con los pies descalzos en señal de ruego o gratitud a la Virgen de Guadalupe que es portada, una vez finalizada la eucaristía principal del ocho de septiembre, en sus andas de plata por un grupo de devotos designado por el Real Monasterio hasta el paso procesional que aguarda en la nave de Santa Paula o capilla de Santa Catalina, donde se expone los trescientos sesenta y cinco días del año.

La comunidad franciscana del Real Monasterio precede el paso de la Virgen de Guadalupe en la procesión claustral del 8 de septiembre.

Ubicada la Santísima Virgen en su paso procesional y ancladas las andas de plata sobre las que la imagen se venera del seis al nueve de septiembre en el altar mayor, comienza la procesión. Primero pasará delante del altar mayor hacia la puerta del claustro mudéjar, un espacio que recorre entre cánticos, vivas y ovaciones, y en los últimos años a los sones de las marchas procesionales de una banda de música, incluso de cornetas y tambores, ubicada en el centro del claustro, junto al templete mudéjar. Tras bendecir a su paso a los fieles que se concentran en estas galerías y procesionar bajo una nube de incienso, impregnada por el olor a rosas y nardos, la Santísima Virgen de Guadalupe recorre las naves de la Basílica, primero la del Evangelio, para cruzar la nave central por el bajo coro y continuar por la de la Epístola hacia la nave de Santa Paula y de allí a la capilla de Santa Catalina. Desde allí se portará en andas para regresar de nuevo al baldaquino del altar mayor en el que permanece expuesta en devoto *besamanto*.

La Virgen de Guadalupe recorre los últimos metros de la procesión intramuros de la Basílica.

EL PASO PROCESIONAL. UNA OBRA EN PLATA DE 1960

El paso actual de la Virgen de Guadalupe es una obra de orfebrería en plata realizada en 1960 en el taller de Manuel Villarreal, Sevilla. Para este trabajo se emplearon más de cincuenta y ocho kilos de plata procedente del Real Monasterio, tal y como consta en el contrato y en la carta de peso de la plata que fue necesaria para hacer realidad el nuevo paso procesional de María Santísima de Guadalupe. Parte de este preciado metal provenía de las antiguas rejas del camarín de la Virgen.

Una vez presentado el proyecto a la comunidad franciscana y aprobado por el padre guardián del Real Monasterio, fray Francisco Solano Zuloaga, se firmaría el contrato en la propia abadía el tres de mayo de 1960. Entre las condiciones estipuladas en aquel documento destacan que el paso sería cincelado en plata de ley según el boceto presentado por Manuel Villarreal y con las mismas medidas del paso que se empleaba hasta entonces en las procesiones de la Santísima Virgen. La estructura interna de la obra, es decir, la carpintería, es de madera de pino de Flandes «de la mejor calidad».

En cuanto a la obra en sí y a su diseño, se compone de tres partes: respiraderos, canastilla y peana. Como se especifica en el contrato, los respiraderos «llevarán doce escudos ovalados con motivos de la historia de Guadalupe y otros que se darán al Sr. Villarreal; y han de ir sobredorados, como lo irán, asimismo, otros detalles que lo exija la mejor armonía de la obra».

El paso se completa con cuatro jarras de plata cincelada de unos cuarenta y cinco centímetros de altura, y en la peana destacan cuatro maniguetas que facilitan el traslado de la imagen del altar mayor al paso procesional. El compromiso adquirido por el taller para la entrega del paso fue el tres de septiembre de 1960, días previos a los actos principales en honor a la Virgen de Guadalupe. El presupuesto e inversión realizada en esta obra patrimonial fue de ciento cincuenta y cinco mil pesetas en mano de obra al entregar la plata y el oro para sobredorar algunos detalles del paso el propio monasterio, como queda plasmado en el documento contractual: «La plata a invertir, como el oro que se necesite para sobredorar los escudos, etc. serán de cuenta de la Comunidad de Guadalupe».

Aunque en el contrato no se mencionan el taller de Manuel Villarreal completó el paso con cuatro ángeles corpóreos sobredorados en la peana, ubicados en los dos laterales, en el frente y en la trasera. Estos ángeles sí aparecen en la fotografía inédita que publicamos en esta obra en la que los cinceladores-repujadores del taller posan junto al paso montado en las instalaciones de la orfebrería antes de partir a Guadalupe. Esta peana con ángeles forma en sí misma un conjunto elegante y sobrio que actúa de manera autónoma como unas pequeñas andas de traslado para la Santísima Virgen de la «Cama de la mora» al baldaquino del altar mayor el seis y el nueve de septiembre, y de ahí al paso procesional cada día ocho de este mes guadalupense por antonomasia. Guirnaldas y campanitas decoran esta peana octogonal de diseño barroco sevillano.

Fotografía histórica de los repujadores-cinceladores del Taller Villarreal junto al paso finalizado y montado en las instalaciones de la orfebrería antes de la entrega y traslado a Guadalupe.

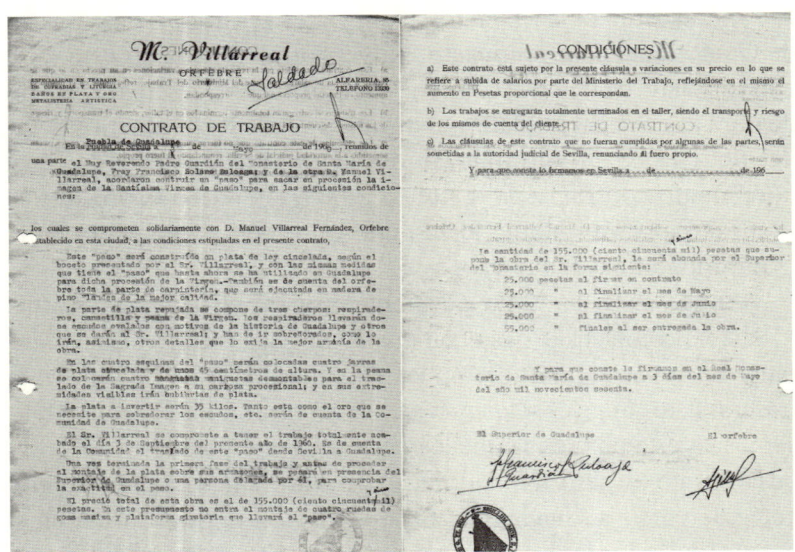

Original del contrato entre el guardián del Real Monasterio, fray Francisco Solano Zuloaga, y el orfebre Manuel Villarreal para la realización del paso procesional de plata. Se firmó en Guadalupe el 3 de mayo de 1960.

6. DOS ACONTECIMIENTOS HISTÓRICOS EN EL SIGLO XX

REINA DE EXTREMADURA Y DE LA HISPANIDAD

El Papa Pío X otorga a la Santísima Virgen de Guadalupe el título de Patrona de Extremadura en marzo de 1907. Dicha petición fue elevada a la Santa Sede por el cardenal y arzobispo de Toledo primado de España, monseñor Ciriaco Sancha y Hervás. La celebración litúrgica del patronazgo quedó establecida el seis de septiembre tras las reformas litúrgicas llevadas a cabo durante el pontificado de Pío X, mientras que el ocho de septiembre se celebra la fiesta popular, como ha venido sucediendo desde el siglo XIII.

El patronazgo llegaba meses antes de la cesión del Real Monasterio a la Comunidad Franciscana, hecho que sucedió el siete de noviembre de 1908. Veinte años más tarde, la Virgen de Guadalupe sería coronada Reina de la Hispanidad. Pero ¿qué es una coronación? A grandes rasgos cabe recordar que en el Concilio de Éfeso, en el año 431, se reconoció y proclamó a la Virgen María como Madre del Hijo de Dios, que como poseedor del Trono de David es Rey por siempre de toda la creación del Padre. Rey nacido de una Reina.

No será hasta el siglo XVI cuando los hermanos capuchinos, como culminación de sus misiones evangelizadoras surgidas a partir del Concilio de Trento, inicien en Italia colectas de joyas como símbolo de conversión para confeccionar con ellas una corona para la Virgen con más devoción de cada lugar. Una de estas primeras devociones coronadas fue María Santísima de Consolación, patrona de la ciudad de *Reggio Calabria* (Italia). Es una pintura de la Virgen con el Niño coronada y enjoyada con perlas. Cuentan que la Virgen se apareció a un fraile para comunicarle el fin de una terrible plaga en 1577. El milagro se obró y en ese punto se construyó un Santuario bajo custodia capuchina. Entre estos frailes destacó el padre Jerónimo Paolucci de'Calboli da Forli, conocido como el Apóstol de la Madonna, en cuya orden se creó la *Pía Opera dell'Incoronazione*. Así, se puede afirmar que las primeras coronaciones surgen en Italia.

Pintura de la Virgen María de Consolación de la ciudad italiana de Reggio Calabria, coronada por los capuchinos.

Ya en la centuria siguiente, en el siglo XVII, las coronaciones experimentan una expansión importante gracias a la figura del conde Alejandro Sforza Pallavicino, sacerdote jesuita nombrado cardenal por el papa Alejandro VII. Pallavicino estableció en su testamento la donación de sus bienes al Venerable Capítulo de San Pedro del Vaticano para que fuesen usufructuados y con las rentas que se consiguieran se incentivara coronar a las imágenes más veneradas de la Virgen. Como condición, la corona tendría que llevar el escudo de armas de la casa Sforza. Por ello, la competencia originaria para la concesión del rango canónico a una coronación de la imagen de la Virgen es de este Capítulo de San Pedro, siendo María Santísima della Febbre del Vaticano, la primera imagen coronada canónicamente en el mundo. Ocurrió el veintisiete de agosto de 1631.

Hay que remontarse a finales del siglo XIX para la inclusión del rito de la coronación canónica en el Pontifical Romano, en concreto al año 1897, lo que hizo que el ritual se extendiera a todo el orbe católico llegando a España en 1881 con la coronación canónica de Nuestra Señora de la Veruela, patrona de Vera de Moncayo (Zaragoza), el treinta y uno de julio. Un mes y dos semanas más tarde se coronaría canónicamente a la Virgen de Montserrat, patrona de Cataluña. En concreto, el once de septiembre de 1881.

Nuestra Señora de la Veruela, patrona de Vera de Moncayo, Zaragoza.
Primera imagen de la Virgen coronada canónicamente en España.

En cuanto a la coronación de María Santísima de Guadalupe fue empeño del cardenal Pedro Segura y Sáenz, que tras tomar posesión de Toledo el veintitrés de enero de 1928, festividad de san Ildefonso, inició una campaña pro-coronación que pronto rebasaría los límites regionales y diocesanos, organizó actos religiosos y literarios en Madrid, logró la adhesión de la Corona de España, y proyectó una dimensión nacional y universal muy importante en torno a la Virgen de Guadalupe.

La Virgen de Guadalupe es portada en andas hacia el altar de la coronación montado en el atrio del Real Monasterio.

Los medios de comunicación de la época recogieron la celebración. El diario Extremadura lo hizo en un suplemento especial dedicado a la coronación canónica, publicado el mismo doce de octubre de 1928. De sus páginas se desprende lo histórico del momento con firmas como la del cardenal arzobispo de Toledo, Pedro Segura y Sáenz; de los obispos de Coria y de Badajoz, Dionisio Moreno y Barrio y Ramón Pérez Rodríguez; citas literarias de Miguel de Cervantes y Lope de Vega; artículos del vicario General de Coria-Cáceres y capellán de la Universidad de Valladolid, con experiencia en medios de comunicación y autor de diversos títulos, Antolín Gutiérrez Cuñado; también del bibliotecario provincial de Cáceres, José Blázquez Marcos, o un fragmento de la novela costumbrista

«Fuente Serena» de Antonio Reyes Huertas, principal narrador del regionalismo extremeño.

La publicación «Mundo Gráfico», revista ilustrada de tirada semanal (1911-1938), también dedicó páginas a la coronación de la Virgen de Guadalupe en el número 885 del diecisiete de octubre de 1928. El contenido de esta edición incluye una foto en blanco y negro a toda página del momento en el que el cardenal primado impone la presea a la imagen de la Virgen, dispuesta en el altar efímero levantado en la explanada de la fachada principal del Real Monasterio en presencia del rey Alfonso XIII.

Instante en el que el cardenal Pedro Segura y Sáenz impone la corona a la Santísima Virgen en presencia del rey Alfonso XIII y el pueblo de Guadalupe.

La escena de la coronación quedó plasmada años más tarde en una de las cartelas de plata del paso procesional realizado en el taller de Manuel Villarreal en Sevilla.

La coronación también aparece en una de las vidrieras del Real Monasterio.

A esta página completa se suma una doble página con cinco fotografías de ambiente de la coronación y de la corona misma de los talleres de arte Granda. Los pies de foto son más que significativos, y en ellos se puede leer: «La Virgen de Guadalupe con la nueva corona de oro, platino y piedras preciosas, obra del Sr. Granda, que se le ha impuesto a la venerada imagen el día 12 del actual». Este pie de foto es erróneo, ya que la fotografía es de la corona sobre el soporte o busto en el que el taller entregó a la Comunidad Franciscana la presea, no sobre la Virgen de Guadalupe como se afirma.

«La procesión celebrada después del acto de la coronación de la Virgen, y que fue presidida por S. M. el Rey», es otro de los pie de foto, al igual que «Su Majestad el Rey con los ministros de Gracia y Justicia e Instrucción Pública y otras personalidades, presidiendo la procesión» o «Vista general del pueblo de Guadalupe y de su monasterio en el que se venera la sagrada imagen de la Virgen de este nombre», también «El vecindario del pueblo de Guadalupe presenciando el solemne acto de la coronación de la Virgen, desde los balcones y tejados de sus típicas casas».

Esta doble página va acompañada de una pequeña crónica que dice así:

> «*En la lonja del monasterio de Guadalupe se ha efectuado el día 12, con solemnidad extraordinaria, el acto de imponer a la sagrada imagen de la Virgen la nueva corona que le ha sido regalada por los fieles, joya valiosísima de oro, platino y piedras preciosas, previas las ceremonias de ofrecimiento y consagración. Asistió al acto S. M. el Rey, acompañado de los ministros de Gracia y Justicia y de Instrucción Pública y elevadas personalidades que han acudido de distintos puntos de España para rendir homenaje a la sagrada imagen. El cardenal Primado, Doctor Segura, asistido de numerosos eclesiásticos, ofició en la ceremonia, que fue presenciada por numerosísimo público, las autoridades y el vecindario todo de Guadalupe. Hubo después una solemne procesión y otros actos religiosos*».

Las fotografías de este reportaje están firmadas por la agencia Piortiz, fundada por dos profesionales gráficos madrileños, José Pío Alonso Bartolomé y Félix Ortiz Perelló, ambos también impulsaron la Unión de Informadores Gráficos de Prensa, fundada en 1934.

Desde entonces, la Virgen de Guadalupe sumó a su iconografía el bastón de mando. El rey Alfonso XIII tomó la corona en sus manos y la entregó al cardenal Segura, imponiéndosela a la imagen. En ese instante, el monarca levantó su bastón de mando, el mejor que tenía, de concha, oro y brillantes y lo depositó a los pies de la Virgen.

El cronista Antonio Ramiro Chico ha documentado con detalle aquella mañana del doce de octubre de 1928, describiéndola así:

> *«Justamente al mediodía, cuando los rayos de sol inciden con mayor nitidez, el rey Alfonso XIII y el cardenal Segura, legado de SS. Pío XI, subieron al estrado levantado en el atrio basilical, donde unos minutos antes, habían entronizado a Santa María de Guadalupe y colocaron sobre sus sienes la Corona imperial de oro y platino, brillantes y esmeraldas, regalo del pueblo español, obra del orfebre y presbítero Félix Granda, al mismo tiempo que la banda militar del Batallón de Cazadores de Lanzarote interpretaba la Marcha Real y los aeroplanos sobrevolaban la plaza y los chapiteles del monasterio, dibujando bucles y perfumando los cielos con pétalos de flores.*
>
> *Pero la Coronación de Santa María de Guadalupe, no fue una coronación más de una advocación mariana, fue la expresión de todo un pueblo que reconoció con el hermoso título de Hispaniarum Regina la influencia que Nuestra Señora ha tenido y tiene en todos los países iberoamericanos, unidos por vínculos de raza, de lengua, de religión, de costumbres y cultura. Este título de Reina de las España o de la Hispanidad concedido por S.M. Alfonso XIII, grabado en el anverso de la lustrina de la imperial Corona: "Santa María de Guadalupe, gratia plena, Mater Dei, Hispaniarun Regina, ora pro nobis peccatoribus", no es gratuito, sino que está fundamentado en los hechos que integran el concepto de Hispanidad: descubrimiento, conquista, culturización y evangelización del Nuevo Mundo.*
>
> *La Coronación de Santa María de Guadalupe tuvo tal repercusión a nivel local, regional y nacional que, sus ecos aún no se han apagado, ya que unos meses después, el 10 de marzo de 1929, nacía la Guardia de Honor, hoy Real Asociación de Caballeros de Santa María de*

Guadalupe, que desde entonces viene celebrando la Fiesta de la Hispanidad, declarada en el 2007 Fiesta de Interés Turístico de Extremadura».

Esta jornada del doce de octubre de 1928 en la Villa y Puebla de Guadalupe quedó filmada en una película de dieciséis milímetros, reversible en blanco y negro en la que el fotógrafo José Díez, natural de Plasencia, inmortalizó para la posteridad la coronación de María Santísima y la posterior procesión por la plaza, además del desfile militar y los actos litúrgicos de esta celebración. La película, depositada durante décadas en el monasterio, se restauró en el año 2003 dado su estado de conservación gracias a la Consejería de Cultura de la Junta de Extremadura, coincidiendo con el 75 Aniversario de la Coronación de la Santísima Virgen. La película, de no más de ocho minutos de duración, se editó entonces en formato DVD para su difusión como patrimonio e historia del Real Monasterio y de la Virgen de Guadalupe.

LA VISITA DEL PAPA SANTO JUAN PABLO II

Fue la primera visita oficial del papa Santo Juan Pablo II a España. Comenzó el treinta y uno de octubre de 1982 tras modificarse en varias ocasiones la agenda y el calendario previsto. Ese mismo día, antes de salir de la Ciudad del Vaticano, había canonizado a dos religiosas francesas y había rezado el Ángelus, como todos los domingos, en la plaza de San Pedro. La visita incluyó dieciséis municipios en nueve días, entre ellos Guadalupe y su Real Monasterio, en la mañana del cuatro de noviembre.

Para la ocasión, la *comunidad franciscana* con fray Eduardo Calero Velarde al frente, instaló el templete barroco que cobija a la imagen en sus cultos de septiembre en la explanada junto al acceso principal de la Basílica, en el atrio La fachada del Real Monasterio hizo de telón de fondo para la celebración litúrgica oficiada por el Papa en presencia de Santa María de Guadalupe, que para la ocasión se presentó en su paso procesional de plata revestida con el manto de Isabel Clara Eugenia, bordado en el siglo XVII y modificado por fray Cosme de Barcelona ya a finales del siglo XVIII, y la corona regia de 1928.

El Papa Santo, Juan Pablo II, postrado ante la Virgen de
Guadalupe en la mañana del 4 de noviembre de 1982.

«Al llegar el Papa a nuestro pueblo, lo primero que hizo fue hincarse ante la Virgen y rezar durante varios minutos bajo un silencio que ponía los pelos de punta a todos los que tuvimos la suerte de estar en el acto multitudinario de aquel día», recordaba el profesor Carlos Cordero Barroso para el diario ABC en 2007.

Ese día repicaron por primera vez tres campanas de nueva factura, mientras el Papa rezaba ante la Virgen. Las campanas se dedicaron a Juan Pablo II, al patronato de la Virgen en su 75 aniversario y a San Francisco de Asís. Una vez rezó, el romano pontífice besó un rosario y lo depositó a las plantas de María Santísima. Antes de partir de nuevo en helicóptero rumbo a Toledo, segunda parada de la jornada recorrió en papamóvil la arteria principal de Guadalupe para despedirse de los miles de personas convocadas en este día histórico para la Villa y Puebla.

Izquierda: Postal de la Virgen de Guadalupe con el juego de corona, arricadas y broche pectoral realizado en 1928 por el taller de Félix Granda con motivo de la coronación canónica. Derecha: La Virgen de Guadalupe coronada con el manto rico de la Comunidad confeccionado en 1790 por fray Cosme de Barcelona. La postal es de Fournier y la foto de Rodríguez anterior a 1953.

La revista Mundo Gráfico dedicó una página doble a la coronación, así como una foto a toda página del momento justo de la coronación.

Fotogramas de la película de la coronación filmada por José Díez, fotógrafo de Plasencia. La secuencia muestra la coronación y procesión de la imagen, así como la entrada al templo ya coronada.

7. UN ENCLAVE PATRIMONIO DE LA HUMANIDAD

«Si nuestra Fe sigue viva, toda esta herencia tampoco muere, sino que sigue presente en las Catedrales, iconos, música, pintura, literatura, todo es un destello del espíritu de Dios»,
Papa Benedicto XVI.

El santuario y monasterio de Guadalupe aglutina estilos arquitectónicos y artísticos y un legado histórico que lo convierten en un espacio devocional y museístico en el que admirar obras de autores fundamentales para la Historia del Arte como Juan Gómez de Mora, Vicente Carducho, Manuel de Larra y Churriguera, Luca Giordano, Francisco de Zurbarán, el Greco, Luis Tristán, e incluso, Francisco de Goya.

Gótico, Mudéjar, Renacimiento, Barroco y Neoclásico se dan cita en este complejo monacal de más de veinte mil metros cuadrados de planta, que en 1993 abriría sus puertas a lo contemporáneo con la ampliación de las instalaciones de la hospedería bajo la dirección de Rafael Moneo, a quien corresponde la construcción de un amplio salón de celebraciones contiguo al Real Monasterio. Desde estas nuevas instalaciones, no exentas de debate en su momento, se contempla tanto la sierra como la ermita de la Santa Cruz o Humilladero que descubriremos en las siguientes páginas.

El santuario es Monumento Histórico-Artístico desde 1879, una declaración que en 1929 se haría extensiva a todo el conjunto. El templo ostenta el rango de Basílica desde 1955 concedido por el papa Pío XII y es Patrimonio de la Humanidad de la UNESCO desde 1993. El Real Monasterio de Guadalupe fue el principal de la Orden Jerónima, vinculado a la historia media de España por su relación con los Reyes Católicos, protagonista en la evangelización y conquista de América, y centro cultural, de investigación y de enseñanza de primer orden. En sus muros albergó saberes y oficios, desde una escuela de medicina a un prolífero *scriptorium* e importantes talleres de orfebrería y bordados.

El monasterio y, por tanto, la custodia devocional de Santa María de Guadalupe, han pasado por cinco etapas diferenciadas, con sus luces y sus sombras. Su historia se ciñe a la de sus moradores, que en estos siglos han sido:

Primera etapa. Pequeño grupo de capellanes y clérigos, al frente de los cuales había un prior que era nombrado por el arzobispo de Toledo a propuesta del rey.

Segunda etapa. Fray Juan Serrano, prior de 1383 a 1389, propuso al rey Juan I que sustituyera a los clérigos y capellanes por una comunidad de regulares. Se escogió a los Mercedarios, pero fueron sustituidos muy pronto por los Jerónimos.

Tercera etapa. Los Jerónimos llegan a Guadalupe en 1389, encontrando ya un complejo de edificios y numerosas propiedades, así como un número considerable de objetos litúrgicos procedentes de donaciones de los peregrinos. Este conjunto arquitectónico se debe a Alfonso XI de Castilla, monarca que visitó la ermita primitiva de la aparición hacia 1330 y que, en 1340, tras la victoria de la batalla del Salado, decidió trasladar a este punto de peregrinación gran parte del botín y ordenar la construcción de una gran iglesia de nueva planta. La exclaustración definitiva de los frailes jerónimos tuvo lugar el 18 de septiembre de 1835, después de cerca de cuatro siglos y medio como custodios de la Santísima Virgen y protectores del patrimonio guadalupense.

Cuarta etapa. El monasterio se convierte entonces en parroquia secular. De 1837 a 1854 abre sus puertas como fuerte militar, y poco después se llevó a cabo la demolición de la *Hospedería Real*. En 1865 se vendió en subasta pública, a excepción de la iglesia. Esta etapa tomará un giro inesperado en 1879 con la declaración de Monumento Nacional Histórico y Artístico, y el inicio del expediente para solicitar la excepción de venta del santuario. En 1884, y solo por un año, una pequeña comunidad jerónima regresaría al monasterio.

Quinta etapa. El veinte de mayo de 1908 el rey Alfonso XIII firma una Real Orden entregando el santuario y su parroquia a la Orden Franciscana, cuyos frailes llegan a Guadalupe el siete de noviembre. Esta Comunidad fue recuperando parte de las antiguas dependencias del monasterio desamortizadas en 1835. En 1929, año de la coronación de la Virgen de Guadalupe, la declaración de Monumento Nacional Histórico y Artístico se amplió a todo el conjunto del monasterio.

Para recorrer el Real Monasterio daremos algunas pinceladas de los espacios y autores más relevantes de la historia y del arte en Guadalupe, además de acercarnos a los personajes que han tenido relación documentada con el beaterio y a algunos objetos y curiosidades que el visitante puede encontrar entre los muros de este emblemático espacio de peregrinación y retiro.

LOS CLAUSTROS DEL REAL MONASTERIO

El silencio acompasado por el curso del agua que fluye de una fuente nos acompaña en este paseo por el claustro mudéjar que antaño realizaba las funciones de distribuidor de las dependencias de la abadía y que hoy acogen los museos de miniados, de bordados y de arte sacro: escultura y pintura.

Se construyó en el siglo XIV durante el priorato de fray Fernando Yáñez de Figueroa entre los años 1389 y 1412. Destaca el templete central gótico-mudéjar levantado en 1405 bajo la dirección de fray Juan de Sevilla, en barro cocido y ladrillo aplantillado, decorado con azulejos y yeserías. Es de planta cuadrada al exterior que se resuelve al interior en hexágono.

El claustro cuenta con dos pisos: en el inferior se disponen grandes arcos de herradura apuntada que apoyan sobre pilares achaflanados, mientras que en el cuerpo alto la articulación arquitectónica es similar, pero con doble número de arcos, también de herradura. Están decorados en rojo y blanco.

Desde sus galerías también puede contemplarse el testero del brazo norte del transepto de la iglesia con su gran rosetón ornamentado con reminiscencias mudéjares. Además, en esta zona se conservan varios sepulcros medievales, entre los que destaca el de fray Gonzalo de Illescas, esculpido por el artista Egas Cueman, entre 1458 y 1460, así como una colección de lienzos de traza antigua que narran la leyenda y la historia en torno a la Virgen de Guadalupe.

Claustro mudéjar del monasterio en un grabado de la publicación «Voyage pittoresque et historique de l'Espagne» de 1811.

El otro claustro es el conocido como gótico o de la enfermería. Hoy es un espacio común de la hospedería, abierto al público, y desde el que se accede a diferentes dependencias e instalaciones de este servicio al peregrino. Su construcción, llevada a cabo entre 1518 y 1533 aproximadamente, siguió las trazas de Juan Torollo. Presenta galerías de tres pisos en sus lados norte, este y oeste.

Una colección de grandes pinturas con la historia de la Virgen de Guadalupe se distribuye en las galerías del claustro mudéjar.

Templete gótico-mudéjar del claustro levantado en 1405
bajo la dirección de fray Juan de Sevilla.

Claustro gótico o de la enfermería. Es una obra del
siglo XVI con tres galerías o alturas.

Retablo de cerámica de la Virgen de Guadalupe en el claustro gótico. Es una pieza de los talleres de cerámica artística Mensaque, Rodríguez y Cía. de Sevilla.

Boceto del retablo de cerámica de la Virgen de Guadalupe del catálogo del taller trianero de Mensaque, Rodríguez y Cía.

En el primero hallamos arcos de medio punto sobre pilares poligonales, en el intermedio se disponen arcos apuntados que cobijan otros dos de medio punto sobremontados por una sencilla tracería, y en el superior existen arquerías de arcos rebajados. Su construcción es en piedra.

En este claustro es de interés un retablo o capilla en relieve de cerámica dedicada a la Virgen de Guadalupe. La encontramos en la pared sur. Obra del taller de cerámica artística Mensaque, Rodríguez y Cía., un taller fundado en 1917, en Sevilla, cuya producción creció de manera exponencial durante el siglo XX, incluso con la apertura de un nuevo espacio expositivo y taller en 1923 bajo el nombre «Fábrica la Esperanza» ocupando cuatro números de la calle Evangelista del barrio de Triana.

Un tercer claustro, de menor tamaño, es el de la mayordomía. A través de este espacio se accede a la visita guiada. Coincide con la zona de la antigua portería y su construcción se remonta al siglo XV, aunque su imagen actual se debe a las reformas realizadas en el XVIII.

FRANCISCO DE ZURBARÁN, ¿SOLO EN LA SACRISTÍA?

Antes de acceder a la sacristía merece la pena dedicar unos minutos a la antesacristía, ubicada en la parte baja de la torre de Santa Ana. Se trata de una estancia de arquitectura gótica, decorada con espejos y tres lienzos de Juan Carreño de Miranda que representan al rey Carlos II, a su esposa María Luisa de Orleans y al cardenal Savo Mellini, que donó estas pinturas en 1683, gran benefactor del Real Monasterio y nuncio de Su Santidad en España de 1675 a 1686.

De esta pequeña sala accedemos a la sacristía, edificada en el periodo comprendido entre los años 1636-1645. De planta rectangular y de una sola nave dividida en cinco bóvedas, cuenta en el extremo opuesto al acceso con una capilla dedicada a San Jerónimo. Sus muros y bóvedas están decorados con pinturas al temple firmadas por Manuel Ruiz y fray Juan de la Peña.

Sacristía mayor del Real Monasterio en una postal de los años 80 del siglo XX.

La sacristía, además de cumplir con su función de servicio a la liturgia, es el mejor museo y máximo exponente de Francisco de Zurbarán. Del pintor extremeño, insigne representante del Siglo de Oro español, se muestran en este espacio ocho lienzos con escenas de la Orden Jerónima, pintados en Sevilla entre los años 1636 y 1645. Las pinturas representan:

— Fray Diego de Orgaz ahuyentando las tentaciones
— Aparición de Jesucristo a fray Andrés de Salmerón
— Retrato de fray Gonzalo de Illescas, obispo de Córdoba
— Misa milagrosa de fray Pedro de Cabañuelas
— Enrique III de Castilla ofreciendo a fray Fernando Yáñez el arzobispado de Toledo
— Visión de fray Pedro de Salamanca
— Fray Martín de Vizcaya distribuyendo limosnas a los pobres
— Fray Juan de Carrión, despidiéndose de la Comunidad antes de morir

Estas ocho obras de Francisco de Zurbarán no son las únicas de este autor en el monasterio. En la capilla de San Jerónimo encontramos tres lienzos más del genial pintor barroco, encontrándose estas obras entre sus obras maestras. En el ático del retablo aparece «La apoteosis de San Jerónimo», en el lado derecho de la capilla «Las tentaciones de San Jerónimo» y en el izquierdo «Los azotes de San Jerónimo». La escultura del santo, realizada en terracota, se atribuye a *Pietro Torrigiano*, precursor del Renacimiento natural de Florencia (1472) y fallecido en Sevilla (1528).

Estas once obras de Francisco de Zurbarán se pueden contemplar en la disposición original para la que se crearon. Un hecho excepcional, ya que casi cuatro siglos después se pueden disfrutar en el mismo espacio y en la misma ubicación para la que se pintaron.

¿Hay más «*zurbaranes*» en Guadalupe? Diferentes historiadores del arte se han fijado en dos lienzos más ubicados en el coro del templo monacal, en sus laterales. Estas pinturas, dedicadas a San Ildefonso y a San Nicolás de Bari, siempre han despertado dudas a la hora de atribuirlas a Francisco de Zurbarán. Lo cierto es que el estilo y técnica están relacionados íntimamente con la obra y etapa final del maestro extremeño, aunque sin consenso en la comunidad científica, podríamos estar ante dos obras más del genio y virtuoso del color blanco en Guadalupe.

FRAILES DOMINICOS EN GUADALUPE
LA REJA DE LA BASÍLICA

Mercedarios, jerónimos y franciscanos, pero ¿hubo dominicos en Guadalupe? La respuesta es sí, pero no como moradores, sino como autores de la reja monumental de la Basílica, una obra de los frailes Francisco de Salamanca y Juan de Ávila, quienes culminarían su trayectoria artística y de vida en Sevilla en pleno siglo XVI en colaboración con Antonio de Palencia, realizando la reja de la capilla mayor de la Catedral hispalense.

La reja de la Basílica, contratada en 1510, es de estilo gótico con influencias plateresques de un renacimiento incipiente. Los frailes dominicos realizaron la reja en Valladolid instalándose la parte central en 1512 y las laterales en 1514. Como apunta el historiador franciscano Arturo Álvarez, la materia prima de esta reja es el hierro que el Real Monasterio tenía en su poder procedente de las cadenas de cautivos colgadas hasta entonces por todos los muros y columnas del templo.

Tras su instalación, la reja separaba el presbiterio o capilla mayor del resto de la iglesia, aunque la ubicación actual no se corresponde con la primitiva, ya que entre los años 1742 y 1744 el templo fue sometido a una reforma dirigida por Manuel de Larra Churriguera que decidió retranquear la reja con el fin de incluir la puerta del claustro en el recinto de la capilla mayor. De esta época son algunos de los adornos añadidos que proceden de la reja del coro, labrada por fray Hernando de Orense, retirada de este espacio en la reforma de 1742.

La plasticidad del conjunto se acentúa con la policromía a base de dorados dispuestos a la sisa y barnices de aceite. La reja fue restaurada en 1996-1997 por «Ágora Restauraciones» bajo la supervisión del Instituto del Patrimonio Histórico Español, hoy Instituto del Patrimonio Cultural de España, IPCE.

Reja del presbiterio contratada en 1510 a los frailes dominicos Francisco de Salamanca y Juan de Ávila.

Sobre estas líneas, momento de la procesión claustral de la Virgen de Guadalupe pasando ante la majestuosa reja de la Basílica.

EL GRECO Y EL REAL MONASTERIO

Doménikos Theotokópoulos, el Greco (1541-1614) pudo ser el autor del retablo mayor de la iglesia del Real Monasterio de Santa María de Guadalupe. Hubo negociaciones e interés mutuo para que esto sucediera, aunque finalmente el proyecto no llegó a realizarse. Este hecho es la única relación directa del pintor griego afincado en Toledo con la Orden Jerónima de Guadalupe.

El encargo lo hizo el prior fray Gabriel de Talavera y hubiese constituido uno de los contratos más sustanciosos del mundo del arte de aquel momento, porque ascendía a la cantidad de veintiséis mil ducados, diez veces más que «El entierro del conde de Orgaz», la obra mejor pagada al pintor en vida. De haberse hecho, el retablo habría sido también el proyecto artístico más importante de toda la carrera del pintor.

Se desconocen las razones por las que el Greco nunca llegó a pintar el retablo de Guadalupe, aunque el investigador José Redondo explica que con toda probabilidad los motivos económicos estuvieron detrás de este trato frustrado. En aquella época, los artistas debían prestar una fianza como garantía de que llevarían a término su trabajo y el montante del contrato de Guadalupe era tan elevado que el Greco no pudo, al parecer, recaudar la cantidad requerida para empezar la obra.

También por entonces se produjo una donación dineraria de Felipe II al monasterio y eso influyó para que la obra del retablo fuese ejecutada por artistas más en la órbita de los gustos del monarca, como el arquitecto Juan Gómez de Mora y los pintores Vicente Carducho y Eugenio Cagés.

A pesar de esta historia, el Real Monasterio cuenta desde el año 1994 con tres obras del cretense en su museo de arte sacro. ¿Cómo llegaron estas pinturas en los años noventa del pasado siglo a Guadalupe? Una pregunta que por su interés vamos a resolver en las siguientes líneas.

El Greco se instaló en Toledo entre 1577 y 1578. En esta ciudad montó su taller y realizó el mayor número de obras del catálogo que hoy conocemos con su firma o atribuidas. Recibió encargos importantes no solo para su nueva ciudad, sino de otros municipios cercanos, como Talavera la Vieja (Cáceres), localidad que desapareció bajo las aguas del pantano de Valdecañas en 1963.

El 14 de febrero de 1591 Lucas Sánchez y el sacerdote Hernando Márquez, en nombre de la cofradía de Nuestra Señora del Rosario de Talavera la Vieja y de su templo parroquial, le encomendaron al Greco la ejecución de un retablo con tres lienzos y una escultura. Habría de pintar a San Pedro y a San Andrés y «La coronación de la Virgen» por trescientos ducados, incluido el dorado y estofado, talla y escultura del retablo, así como una representación de madera policromada de la Virgen del Rosario que pudiera extraerse del conjunto durante los días de culto con el fin de sacarla en procesión. Hasta aquí el encargo.

«La Coronación de la Virgen» responde a una interpretación libre de un grabado de Durero realizado en 1510. El Greco divide la imagen en dos partes bien diferenciadas, sigue la tradición pictórica italiana como referentes compositivos como hizo en «El entierro del conde de Orgaz».

En la zona superior, Nuestra Señora es coronada sobre un trono de nubes por Jesucristo y Dios Padre, acompañados por el Espíritu Santo en forma de paloma y por las glorias celestiales. En la zona inferior, formando un círculo de evidentes reminiscencias manieristas, son testigos de la escena una serie de personajes:

San Francisco, los santos Juanes, San Sebastián, San Pedro, San Antonio Abad y Santo Domingo, este último, con el rosario entre los dedos, como guiño a la cofradía responsable del encargo.

«La Coronación de la Virgen» es un tema que el Greco realiza en varias ocasiones. De todas ellas, según plantea el experto José Álvarez Lopera, la de Talavera la Vieja puede considerarse la primera. Algunas particularidades, como las nubes algodonosas o la gradual apertura de las profundidades celestes, hacen pensar en «El entierro del conde de Orgaz», de la Iglesia de Santo Tomé en Toledo. También es interesante observar la tendencia a un mayor alargamiento de los cuerpos y el hieratismo con el que está tratado el grupo de «La Coronación», en el que el Padre aparece ya revestido con todos los caracteres de un símbolo, tal y como escribe este experto en el primer volumen del catálogo de el Greco que vio la luz en 2005.

«La Coronación» de El Greco, una obra de finales del siglo XVI, se expone en el museo de arte sacro del Real Monasterio desde el año 1994.

Respecto a las pinturas de San Pedro y San Andrés, originariamente situados a los lados de la coronación, se trata de figuras representadas con sus atributos más conocidos, aunque una confusión en la transcripción del contrato de las pinturas ha llevado a varios autores a suponer que el San Pedro debería haber sido un San José. Ambos poseen una evidente monumentalidad, aunque ya no tanto como las figuras individuales que el Greco había realizado años atrás para el retablo conventual de Santo Domingo el Antiguo, su primer contrato y obra en Toledo, rubricado el ocho de agosto de 1577.

Antes de exponerse en Guadalupe estas pinturas han tenido otro destino. Tras la inundación de Talavera la Vieja en 1963 se trasladan a Toledo, al Museo de Santa Cruz, depositadas allí por su propietario, el Arzobispado de Toledo, que en 1994 rubricaba un convenio con la Junta de Extremadura para que estas tres obras se incluyeran en el museo del Real Monasterio de Guadalupe. La contraprestación: que el Gobierno de Extremadura rehabilitara varios templos de la Archidiócesis de Toledo en tierras extremeñas, tal y como afirma la periodista del diario La Tribuna de Toledo, Leticia G. Colao.

Y así, desde entonces, se muestran en el museo de arte sacro del Real Monasterio, junto a otras obras maestras, como un Cristo Crucificado atribuido a Miguel Ángel o una pintura de caballete de Francisco de Goya. «La coronación de la Virgen» regresó por unos meses al Museo de Santa Cruz de Toledo en 2014 como parte de una de las exposiciones conmemorativas del IV Centenario de la muerte del Greco. En concreto, permaneció expuesta en Toledo del 14 de marzo al 14 de junio en la muestra «El griego de Toledo».

LA REINA ISABEL DE CASTILLA, LOS JERÓNIMOS Y GUADALUPE

El epistolario del archivo monacal conserva correspondencia de los Reyes Católicos vital para la historia de España. Las misivas, algunas firmadas de manera autógrafa por la reina Isabel de Castilla, recogen episodios trascendentes como la rendición de Granada y la entrada de los monarcas en la ciudad nazarí el 2 de enero de 1492. La reina Isabel dirigió de manera expresa una carta al prior anunciándole tal acontecimiento, un escrito que, entre otros detalles, como ha transcrito fray Arturo Álvarez, dice así:

> «*Agora vos fago saber commo ya bendito nuestro señor le plogo dar al Rey mi señor esta vitoria que oy dos días deste mes de Enero se nos entrego la cibdad de granada con todas sus fuerças e de sus tierras, lo qual vos scriuo solamente para que fagays gracias a nuestro señor que tovo por bien de vos oyr e dar en esto el fin deseado, de la cibdad de granada a dos días de enero de xcii años».*

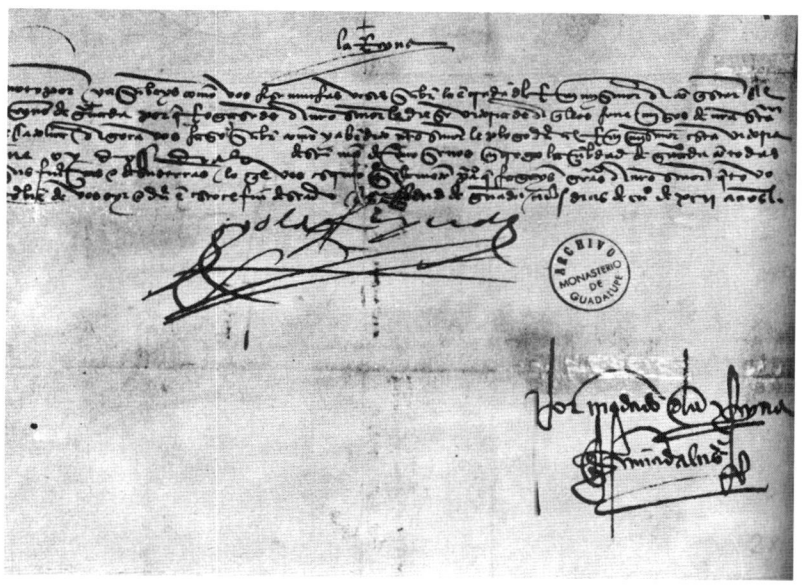

Carta que la reina Isabel de Castilla dirige al prior del Real Monasterio de Guadalupe el 2 de enero de 1492 para comunicarle la rendición de Granada.

Otro hito de esta relación ocurrió en 1504, cuando la reina mandó guardar su testamento original en el Real Monasterio, y sendas copias ante notario, una en la Catedral de Toledo y otra en el Monasterio de Santa Isabel de la Alhambra de Granada. El documento original hoy se encuentra en el Archivo de Simancas (Valladolid), mientras que el archivo del santuario conserva una copia autorizada el 21 de junio de 1506 en la Villa de Santa Marta de Riba de Tera por Gaspar de Gricio, secretario público del rey, al igual que el sobre o bolsa de vitela que guardó los documentos originales de 1504, y en cuyo anverso puede leerse: «Para Nuestra Señora de Guadalupe. El testamento de la Reyna Doña Ysabel y su codicilo. A de ser muy secreto y no lo ha de ver nadie, ni se ha de dar syn cédula del Rey commo paresce por las cartas que aquí están del Contador Juan López».

El testamento original llegaría a Guadalupe siete años después de la muerte de la reina, en 1511, como se desprende de una carta enviada por su secretario, Juan López de Lizárraga, en esa fecha. La voluntad de la reina se cumplió solo durante unas décadas, pues en el libro primero, folio 64, del «Libros de copias de Patronato Real mandados redactar por orden de Felipe II» del Archivo de Simancas, se cita ya en 1575 «el Testamento original de la Reyna catholica». Estos datos los aporta el director del Archivo de Simancas, Ricardo Magdaleno Redondo, en correspondencia directa con fray Arturo Álvarez, en los años sesenta del siglo pasado. Todo apunta a que entre los años 1543 y 1545 el testamento se llevó al Archivo de Simancas.

De otro lado, gracias a los Reyes Católicos y en virtud de su vinculación con el Real Monasterio de Guadalupe y con la Orden Jerónima, impulsaron la segunda fundación de un Real Monasterio Jerónimo en Madrid en torno al año 1503, en la zona del Prado de Atocha. Allí se veneraba una imagen, Nuestra Señora de los Ángeles. Antes de esto, los Jerónimos habían fundado un primer monasterio en Madrid en 1463 a instancias de Enrique IV, ubicado al norte de la ermita de San Antonio de la Florida, junto al río Manzanares, bajo el título de Santa María del Paso.

La devoción a la Virgen de Guadalupe crecía de siglo en siglo, a la par que los milagros atribuidos y el número de peregrinos al monasterio de Las Villuercas. Estos factores propiciaron que la Comunidad Jerónima de Madrid estableciese en su templo el culto a la Virgen de Guadalupe, no sin cierta oposición por parte de los Jerónimos extremeños quienes veían mermar sus rentas y limosnas, mientras en Madrid cobraban fuerza en torno a la réplica entronizada en un altar lateral del templo el trece de junio de 1603. El culto a esta imagen, revestida y con los elementos iconográficos de la Virgen extremeña, terminó en pleitos entre Jerónimos extremeños y madrileños.

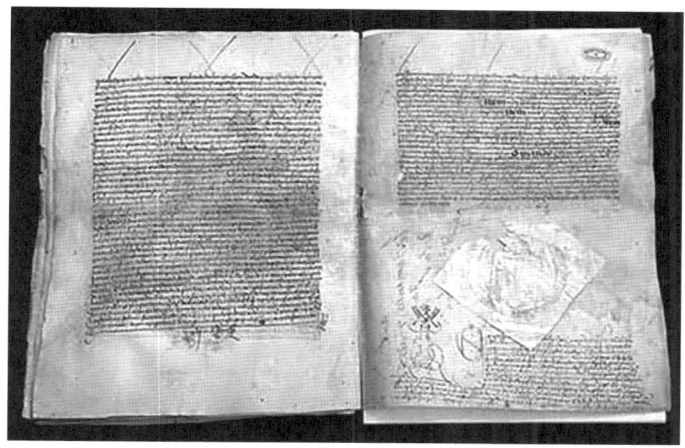

Testamento de la reina Isabel de Castilla que en contra de su voluntad se conserva en el Archivo de Simancas y no en el Real Monasterio.

El papa Paulo V llegó a emitir una bula en diciembre de 1613 por la que prohibía a la Comunidad Jerónima del Real Monasterio de Madrid llamar Guadalupe a la réplica y pedir limosnas con este título, invitándoles a usar de nuevo la advocación de Nuestra Señora de los Ángeles. No obstante, los frailes de Guadalupe accedieron a que la imagen siguiera vestida al modo extremeño y celebrasen su fiesta como ya era habitual también en Madrid, el ocho de septiembre. A pesar de esta vuelta al origen, a la advocación de Nuestra Señora de los Ángeles, el pueblo siguió venerando a Santa María de Guadalupe.

Ante esta imagen y en este templo se han coronado reyes como Fernando II de Aragón, el Católico, que juró ante Ella como regente de Castilla. Y así desde Felipe II (1527) a Isabel II (1833), tres siglos en los que en este templo jerónimo se han celebrado las juras de los príncipes de Asturias. De estas ceremonias hoy nos quedan las crónicas recogidas en la Gaceta de Madrid y también los grabados y pinturas como la que se conserva en el Museo del Prado, obra de Luis Paret y Alcázar (Madrid, 1746-1799) de la jura de Fernando VII como príncipe de Asturias.

Este óleo sobre lienzo representa la ceremonia de la jura de Fernando VII como heredero de la corona, celebrada el 23 de septiembre de 1789 en la iglesia del Real Monasterio madrileño. La celebración se realizó en presencia de la familia real, de la corte y de miembros de la Iglesia. El príncipe, entonces de cinco años, aparece sentado a la derecha del presbiterio, al lado de Carlos IV

(1748-1819) y de la reina María Luisa de Parma (1751-1818), mientras que los nobles prestan juramento ante el cardenal Lorenzana, arzobispo de Toledo, y a continuación besan la mano de los reyes. Como apuntan desde el Museo del Prado en la ficha de esta obra, existe un dibujo preparatorio para la composición en el Museo del Louvre, París.

El pintor Luis Peret y Alcázar plasmó en esta obra del siglo XVIII que se conserva en el Museo del Prado la jura de Fernando VII como heredero de la corona ante la Virgen de Guadalupe del Real Monasterio Jerónimo de Madrid.

GUADALUPE, UNA HISTORIA EN TRES OBJETOS

Son tres imprescindibles del patrimonio histórico y artístico del Real Monasterio. Tres objetos ligados a tres personajes o momentos de la historia de España de la que esta abadía es fiel testigo.

El escritorio de Felipe II, sagrario del retablo mayor

Enmarcado en el retablo mayor de la Basílica y a modo de sagrario se encuentra el que fuera escritorio de Felipe II. Esta pieza está firmada en Roma en 1561 por *Joannes Giamin*, discípulo de Miguel Ángel. Felipe II, como otros tantos monarcas, fue un gran devoto de la Virgen de Guadalupe. Además, con los monjes jerónimos mantenía una estrecha relación y en ocasiones peregrinó hasta el Real Monasterio, donde trazó estrategias territoriales, por ejemplo, con Portugal. El escritorio o bargueño es de madera de cedro chapado con damasquinado en plata y oro.

En el frontispicio y a cada lado, parejas de columnas jónicas sustentan el frontón partido sobre el que se recuestan dos figuras masculinas desnudas que flanquean una cartela con el escudo real sustentado por un águila. El sagrario también incluye cinco relieves repujados en bronce dorado. La escena central representa a Cristo resucitado que dirige su mirada a María Magdalena.

El Sagrario de la Basílica corresponde a un importante bargueño o escritorio que Felipe II donó a la Virgen de Guadalupe. Es una obra italiana firmada en 1561 por Juan Giamin, discípulo de Miguel Ángel.

El fanal de la Batalla de Lepanto y Miguel de Cervantes

Otro objeto, en esta ocasión ligado a un acontecimiento histórico para el cristianismo, es un fanal que perteneció a la capitana turca en la Batalla de Lepanto (1571). Esta pieza se encuentra en la capilla de San Jerónimo, en la sacristía mayor del templo. El príncipe Juan de Austria, cuya acción fue decisiva para la victoria de la Liga Santa, agradeció a la Virgen de Guadalupe el final de este episodio bélico enviando al monasterio en 1573 por conducto de su hermano el rey Felipe II una lámpara árabe, similar a las dos que también hizo llegar al santuario de la Virgen de Monserrat.

Fanal de la Batalla de Lepanto en la Capilla de San Jerónimo. Esta es su ubicación desde 1744, con anterioridad se empleó para quemar aceite y dar luz a la Santísima Virgen.

Este fanal o lámpara se empleó desde su recepción en el monasterio para quemar aceite y dar luz a la Santísima Virgen de Guadalupe, hasta que en 1744 con la reforma impulsada por Manuel de Lara Churriguera se reubicó en la capilla de San

Jerónimo. Realizada en bronce con un marcado estilo islámico, en ella se pueden apreciar los avatares de la batalla naval que se libró en aguas del Jónico el 7 de octubre de 1571 y en la que también luchó el célebre Miguel de Cervantes Saavedra a bordo de la galera Marquesa.

Grabado de la Batalla de Lepanto y, en concreto, de la galera Marquesa desde la que combatió Miguel de Cervantes. Importante el detalle de la imagen de la Virgen en dicha embarcación.

Miguel de Cervantes visitó Guadalupe. Lo hizo tras recibir la libertad en 1580 después de su cautiverio de Orán. En su obra póstuma, «Los trabajos de Persiles y Segismunda», escrita en 1616, describe a través de los personajes la emoción propia al pisar tierra extremeña y guadalupense, al poner los pies «en una de las dos entradas que guían al valle que forman y cierran las altísimas sierras de Guadalupe, cuando, con cada paso que daban, nacían en sus corazones nuevas ocasiones de admirarse; pero allí llegó la admiración a su punto, cuando vieron el grande y suntuoso monasterio, cuyas murallas encierran la santísima imagen de la emperadora de los cielos; la santísima imagen, otra vez, que es libertad de los cautivos, lima de sus hierros y alivio de sus pasiones; la santísima imagen que es salud de las enfermedades, consuelo de los afligidos, madre de los huérfanos y reparo de las desgracias».

En esta obra también narra en voz de sus personajes que al entrar al templo «donde pensaron hallar sus paredes pendientes por adorno las púrpuras de Tiro, los damascos de Siria, los brocados de Milán, hallaron en lugar suyo muletas que dejaron los cojos, ojos de cera que dejaron los ciegos, brazos que colgaron los mancos, mortajas de que se desnudaron los muertos, todos después de haber caído en el suelo de las miserias, ya vivos, ya sanos, ya libres y ya contentos, merced a la larga misericordia de la Madre de las misericordias, que en aquel pequeño lugar hace campear a su benditísimo Hijo con el escuadrón de sus infinitas misericordias».

El autor indica que en Guadalupe sus personajes estuvieron cuatro días «en los cuales comenzaron a ver las grandezas de aquel santo monasterio; digo comenzaron porque acabarlas de ver es imposible». Y se hace eco, en particular, de las reliquias de santos venerados en el templo, además de recordar el obsequio que recibió de manos del prior, para concluir este pasaje con versos dedicados a la Virgen de Guadalupe. Estas referencias se encuentran en el capítulo quinto del libro tercero de esta obra póstuma. «Pidió Auristela a Feliciana le diese el traslado de los versos que había cantado delante de la santísima imagen, al cual respondió que solamente había cantado cuatro estancias, y que todas eran doce, dignas de ponerse en la memoria», continúa el pasaje, para dar paso a los versos en octava real. Estas son dos de las estrofas:

La justicia y la paz hoy se han juntado
en vos, Virgen santísima, y con gusto
el dulce beso de la paz se han dado,
arra y señal del venidero Augusto.
Del claro amanecer, del sol sagrado,
sois la primera aurora; sois del justo
gloria; del pecador, firme esperanza;
de la borrasca antigua, la bonanza.
Sois la paloma que ab eterno fuistes
llamada desde el cielo, sois la esposa
que al sacro Verbo limpia carne distes,
por quien de Adán la culpa fue dichosa;
sois el brazo de Dios, que detuvistes
de Abrahán la cuchilla rigurosa,
y para el sacrificio verdadero
nos distes el mansísimo Cordero.

La primera partida de bautismo en España y una pila bautismal histórica

El escritorio de Felipe II y el fanal de la Batalla de Lepanto con el príncipe Juan de Austria y Miguel de Cervantes, dos episodios ligados a Guadalupe como también lo están los Reyes Católicos, el descubrimiento del Nuevo Mundo y Cristóbal Colón, una historia probada al igual que los bautizos realizados en el santuario y anotados en un libro que comienza a escribirse con la primera partida de bautismo que se conserva en España. Su fecha: 11 de junio de 1496.

Aunque en esa época aún no era de obligado cumplimiento llevar el registro de bautizados, un trámite que entraría en vigor con el Concilio Tridentino de 1545, los monjes jerónimos sí llevaban buena cuenta de los bautizos realizados en el santuario. En ese primer documento, como explica el historiador y franciscano Arturo Álvarez, aparece Cristóbal Colón y dos bautizados: «Xual e pedro criados del senno almirante don Xual colon».

Esta anotación puede ser la primera referencia a dos personas de América, del llamado Nuevo Mundo, bautizadas en España, en el monasterio de Guadalupe por su entonces capellán, Lorenzo Fernández. La tradición dice que aquella pila bautismal forma parte de la fuente de la plaza principal del pueblo, ubicada sobre un pedestal de piedra. Si es o no cierto ya es una cuestión de creencia; una leyenda más que se suma al rico imaginario guadalupense.

No obstante, fray Arturo Álvarez intenta justificar que la primitiva pila bautismal del santuario, en la que se bautizaron los indígenas en presencia de Cristóbal Colón el once de junio de 1496, tras la segunda expedición colombina, es la misma de la fuente de la plaza Santa María de Guadalupe, y aporta los siguientes datos:

Año 1738. La pila bautismal se traslada del santuario a la Iglesia de la Santísima Trinidad, aledaña al templo, y hoy auditorio. En un plano de aguas de Guadalupe del siglo XVIII no aparece dicha fuente en la plaza.

Año 1835. Llega la desamortización y los la comunidad jerónima es expulsada de Guadalupe. La iglesia se convierte en parroquia gestionada por clero secular. Una fuente de bronce, labrada en 1402 por Juan Francés, hasta entonces en el claustro mudéjar se traslada a la Iglesia de la Santísima Trinidad, parroquia, como baptisterio, desplazando así la pila de piedra que quedaría en desuso o como fuente en la plaza a mediados del siglo XIX.

Así, con estas referencias, el historiador franciscano señala desde la intuición que la pila bautismal labrada en piedra en la que se bautizaron los primeros indígenas es la que hoy cumple como fuente ornamental en la plaza Santa María de Guadalupe de la Puebla y Villa.

La tradición y también la lógica documentada explica que la fuente de la plaza corresponde con la pila baustismal primitiva del Real Monasterio donde se bautizaron los primeros indígenas llegados del Nuevo Mundo en presencia de Cristóbal Colón.

CONTEMPLAR GUADALUPE DESDE EL HUMILLADERO

Como lugar de peregrinación Guadalupe cuenta con un interesante humilladero desde el que se tienen las primeras vistas del municipio desde la carretera o camino de Los Ibores. Esta construcción y lugar devoto, punto de oración para los peregrinos, es por sus dimensiones una pequeña ermita situada a cuatro kilómetros del municipio, cuya construcción se remonta a principios del siglo XV y al priorato de fray Fernando Yáñez de Figueroa, que ostentó el gobierno del santuario desde la llegada de la Orden

Jerónima en 1389 y hasta su muerte en 1412, convirtiéndose en el primer prior regular de Guadalupe.

Ermita de la Santa Cruz o humilladero cuya construcción se remonta a principios del siglo XV.

La ermita, conocida también como de la Santa Cruz, es de estilo gótico mudéjar levantada en ladrillo aplantillado. De planta cuadrada, el humilladero está abierto al exterior en sus cuatro lados mediante puertas con arcos carpaneles sobre los que se levantan otros arcos apuntados decorados con rosetones góticos realizados en ladrillo mudéjar. Sobre este primer cuerpo se alza una cubierta piramidal decorada con teja y azulejos, posterior al proyecto original.

El interior de la ermita de la Santa Cruz estuvo enyesado y enlucido, tal y como se puede apreciar en algunas zonas que conservan restos de esta decoración polícroma en la que también destacan los capiteles con rostros labrados en granito que también encontramos como elemento decorativo en el monasterio, por ejemplo, en la fachada principal. No hay que olvidar la bóveda de crucería del humilladero en cuyo interior se alza una cruz de piedra. Es Monumento Nacional desde 1931, además de Bien de Interés Cultural.

8. GUADALUPE, UNA DEVOCIÓN UNIVERSAL

UNA ADVOCACIÓN QUE TRASCIENDE LOS CAMPOS DE LA PUEBLA Y VILLA

La Virgen de Guadalupe es una devoción que trasciende los campos de la Puebla y Villa en los que el pastor Gil Cordero encontró la imagen. Esta advocación es universal y en España son numerosos los pueblos y municipios que veneran a la Virgen de Guadalupe siguiendo el patrón de la iconografía extremeña o con matices y características propias de la religiosidad popular de cada zona.

En Cáceres, en la calle gremial de Caleros, se conserva la ermita del Vaquero, que con más de tres siglos y medio de historia ocupa por tradición el lugar original en el que se encontraba la casa del pastor Gil Cordero. En su interior conserva una imagen de la Virgen de Guadalupe que preside el retablo ejecutado por el escultor cacereño Juan Bravo. La ermita, que data del siglo XVII, presenta en su portada de piedra una hornacina y en su interior una imagen de la Virgen de Guadalupe realizada en barro cocido y de gran interés iconográfico.

En Villar del Pedroso, provincia de Cáceres, encontramos la finca «La Burguilla» en cuya ermita se conserva una imagen de vestir de la Virgen de Guadalupe. Esta ermita se levantó en el siglo XV, se reconstruyó en el XVI y se modificó en el XVII. Villar del Pedroso celebra cada año sus fiestas en honor a la Virgen de Guadalupe de la Burguilla con una romería desde la ermita hasta la iglesia de San Pedro, ubicada en el centro del pueblo y declarada Bien de Interés Cultural. También es conocida como la Catedral de la Jara, en referencia a esta comarca limítrofe con la provincia de Toledo. La finca, hoy propiedad privada, sirvió antaño a la Orden de los Jerónimos que peregrinaban a pie al encuentro con la Virgen de Guadalupe.

Las provincias de Toledo, Ciudad Real, Córdoba, Cáceres y Badajoz suman numerosas representaciones de la Virgen de Guadalupe en municipios que la tienen por patrona o como referente devocional. Ejemplos como la ermita del Vaquero o como la de «La Burguilla» se extienden por la geografía nacional, incluso más allá de las provincias limítrofes con el Real Monasterio. Por su interés y arraigo, nos detendremos en la Virgen de Guadalupe de Hondarribia, en el País Vasco; también en la de Rianxo, en La Coruña; en la de Macioscoque en Murcia y en la de Puntalla, en La Gomera; antes de acercarnos a otras «Guadalupes» de España, como la patrona de Úbeda en Jaén y a las hermandades y cofradías que rinden culto a la Virgen María bajo esta advocación en la ciudad de Sevilla.

Este viaje devocional finalizará con referencias a Santa María de Guadalupe en diferentes puntos de Portugal, así como a la Virgen de Guadalupe de Kodeń en Polonia y María Santísima de Guadalupe de Sucre, capital de Bolivia, sin obviar a la Virgen de Guadalupe de México y a la representación que se venera en Mongomo, Guinea Ecuatorial.

La Ama Guadalupekoa de Hondarribia, Guipúzcoa

En el litoral cantábrico, en el monte Jaizkibel, encontramos a la Ama Guadalupekoa, una devoción histórica del municipio vasco de Hondarribia (Guipúzcoa) ante la que rezó, según cuenta la tradición, Juan Sebastián Elcano. La leyenda en torno a la aparición de esta imagen a dos pastores sitúa el origen de la devoción en el siglo XV, aunque documentalmente la primera referencia nos lleva al XVI, a documentos históricos en los que se citan donaciones que se hacen a la Virgen de Guadalupe por el beneficiado Miguel de Beaumont en 1502 y por María de Ochoa en 1528.

También, como señala José Agustín Elustondo, existe un legajo de 1503 en el que se hace referencia a un castañar cercano a la ermita de la Virgen de Guadalupe, y señala como referencia documental inequívoca al testamento de Juan Sebastián Elcano, dado en la nao Victoria el 26 de julio de 1526 y en el que deja seis ducados de oro para Santa María de Guadalupe, siendo esta la imagen de Hondarribia.

La Virgen de Guadalupe de Hondarribia preside el retablo de la ermita en la que se encuentran maquetas de barcos como ofrenda de pescadores. En este enclave patrimonial se celebra cada ocho de septiembre la romería en su honor en la que el pueblo conmemora la victoria contra las tropas francesas en 1638 con el desfile de las compañías hasta la ermita. Es una de las fiestas más multitudinarias de Guipúzcoa, conocida como El Alarde.

Esta celebración se repite desde entonces en conmemoración del voto realizado por los hondarribiarras pidiendo la intercesión de la Virgen de Guadalupe para librar con éxito la batalla frente a las tropas francesas de Luis XIII, al mando del Príncipe de Condé.

La imagen se ha revestido durante años, aunque desde su restauración en 1957 se presenta como talla completa. Es de tez morena, al igual que la efigie extremeña. Sobre su estilo o procedencia existen varias teorías. Hay una vertiente que la enmarca en la escultura local de producción vasca, mientras que otras señalan a Francia, sin obviar sus características románicas. Incluso, hay quienes mantienen que la imagen pudo ser el mascarón de proa de alguna embarcación, aunque lo habitual en los galeones españoles era reproducir imágenes de la Virgen en su espejo de popa y no en el mascarón de proa.

La Virxe de Guadalupe de Rianxo, la moreniña de Pontevedra

En 1854 la epidemia de cólera que sufrió Galicia apenas tuvo incidencia en Rianxo (Pontevedra), lo que sus gentes atribuyeron a la protección de la Virxe de Guadalupe, la virgen negra más popular de Galicia. Es una réplica de la Virgen de Guadalupe de Extremadura hecha en pasta de papel y entregada por su autor, fray José de Santiago, el 29 de junio de 1773, directamente desde Guadalupe. Este jerónimo, natural de Galicia, realizó más copias exactas de la Virgen, una de ellas entronizada ese mismo año en Requejo de Sanabria, en Zamora, como asegura Juan Vicente Yáñez y Mariño, granadino y alférez de fragata, que certificó la existencia de las dos imágenes gemelas, de la misma autoría, y el depósito en estos dos lugares en 1773.

Protectora de las gentes del mar de Rianxo, la imagen de la Virxe de Guadalupe, la moreniña, procesiona el segundo domingo de septiembre desde su santuario hasta un barco engalanado para la procesión marítima que se remonta a 1862. Cuando la imagen llega a la altura del Paseo da Ribeira, el público entona la popular canción gallega, A Rianxeira, que dice:

> *A Virxe de Guadalupe*
> *cando vai pola ribeira,*
> *descalciña pola área*
> *parece unha rianxeira.*
> *Ondiñas veñen*
> *ondiñas veñen e van*
> *non te embarques rianxeira*
> *que te vas a marear.*

Esta copla nació en el siglo XX de la nostalgia de los rianxeiros residentes en Buenos Aires, Argentina.

El año 2004 fue especial para los devotos de Rianxo. Los días 20 y 21 de marzo la Virgen rianxeira peregrinó hasta el Real Monasterio de Santa María de Guadalupe, en Extremadura, para conmemorar el 150 Aniversario de las fiestas en su honor, cuyo origen se establece en 1854 al coincidir con la inauguración de la ermita. Aquel año Guadalupe también estaba de celebración al conmemorarse el 75 Aniversario de la Fundación de la Real Asociación de Caballeros de Santa María de Guadalupe.

En la mañana del veintiuno de octubre, domingo, y tras la celebración religiosa, la Virgen de Guadalupe de Rianxo procesionó por la plaza mayor de la Villa y Puebla extremeña, a los sones de la banda de música municipal y de dos gaiteros y devotos rianxeiros. Con esta peregrinación se produjo un acontecimiento histórico, pues era la primera vez que una imagen de la Virgen de Guadalupe realizada por fray José de Santiago regresaba a su lugar de origen más de dos siglos después de haber emprendido el viaje a tierras gallegas.

Guadalupe de Macioscoque, Murcia

En el antiguo lugar de Macioscoque, constituido en señorío durante el siglo XV sobre tierras pobladas en el concejo y huerta de Murcia, se rinde culto a la Virgen de Guadalupe al menos desde finales del siglo XVI con la llegada de la Orden Jerónima para fundar un monasterio en el lugar de La Ñora en 1579. Los *jerónimos* traían consigo la devoción a la Virgen de Guadalupe de Extremadura. La primera imagen de la Virgen llegó a Macioscoque en 1597, tal y como explica la tradición popular.

La talla primitiva, hoy desaparecida, pudo llegar desde el Real Monasterio extremeño como evoca una leyenda en la que cuentan que la imagen se transportó sobre una carreta tirada por bueyes para recorrer el camino Guadalupe-Murcia. Las crónicas refieren al afecto que los vecinos del viejo lugar señorial de Macioscoque sintieron una atracción especial por la imagen, comenzaron los rezos y oraciones y una fuerte vinculación espiritual entre pueblo y Madre. Esta relación propició que los frailes desistieran de su idea de entronizar la imagen en el monasterio de La Ñora encargando una nueva Virgen para el culto monacal. La comunidad religiosa permitió así a los moradores de Macioscoque mantener el culto ante la Virgen de Guadalupe llegada de Extremadura en carreta de bueyes. Toda una leyenda.

Con la desamortización de Juan Álvarez Mendizábal entre 1833 y 1835, los bienes de la Orden Jerónima de La Ñora fueron recogidos por los vecinos y una vez abandonado en su totalidad el monasterio fueron repartidos por las distintas parroquias de la comarca. A la de Macioscoque vino a parar la magnífica talla de la Virgen de Guadalupe. Los expertos coinciden en que esta imagen llegó a la iglesia de la pedanía murciana gracias al ex prior jerónimo Diego Montoya Pacheco, que una vez exclaustrado en 1835 instaló su residencia en este municipio, incluso, ejerciendo de párroco entre 1838 y 1841. Esta talla, atribuida a fray Diego Francés, escultor del círculo de la escuela murciana de José Salzillo, se perdió al inicio de la Guerra Civil: se destruyó.

Desaparecida la imagen dieciochesca y una vez finalizada la contienda, en 1940 el escultor murciano José Noguera de Espinardo ejecuta una nueva imagen de la Virgen de Guadalupe, que en 1965 sería sustituida por una obra de Francisco Liza, natural de Macioscoque, coronada canónicamente el 8 de julio del año 2000. Esta imagen responde a los cánones de la escuela murciana y salzillesca. Su autor, fallecido, en 2015, a los ochenta y seis años, es referente de la imaginería contemporánea. La ferviente devoción a la Virgen de Guadalupe propició que la pedanía de Macioscoque tome como nombre el de la Santísima Virgen, Guadalupe.

La devoción histórica a la Virgen de Guadalupe como patrona hizo que en 1861 se constituyese la hermandad para honrar su patronazgo y festejarla en la segunda quincena de julio. En 1997 se conmemoró el IV Centenario de la llegada de la Virgen al municipio desde el monasterio jerónimo que hoy es sede de la Universidad Católica de Murcia. Guadalupe es la única localidad que venera a la Virgen María con esta advocación en la región de Murcia.

La Virgen de Guadalupe de Puntallana, Señora de La Gomera

Cristóbal Colón llegó a La Gomera (Islas Canarias) tras haber partido el tres de agosto desde el puerto de Palos, en Huelva. A bordo de tres navíos pretendía llegar a las Indias a través de una ruta que circunvalara el océano Atlántico. El almirante partió de La Gomera hacia las Indias el seis de septiembre de 1492, llegó a tierra firme el 12 de octubre. Cristóbal Colón, con el impulso de los Reyes Católicos y la bendición de la Virgen de Guadalupe había descubierto un nuevo continente: América.

La Virgen de Guadalupe de La Gomera recibe culto en su ermita de Puntallana. La tradición cuenta que los tripulantes de un barco que navegaba rumbo a América al pasar por La Gomera, llamó su atención un destello de luz procedente de una cueva. Al acudir al lugar encontraron una pequeña imagen de la Virgen que llevaron consigo al barco. Al zarpar para continuar la ruta eran incapaces de navegar más allá de la costa de la isla. Ante esta situación, los marineros decidieron volver a la cueva y depositar allí la imagen, no sin antes dirigirse al puerto de San Sebastián de la Gomera para informar a las autoridades de lo acontecido. Incrédulos en un primer momento, todos acudieron a la cueva donde se levantó una ermita para la veneración de la imagen.

Más allá de la leyenda, la devoción a la Virgen de Guadalupe en La Gomera se remonta a principios del siglo XVI, tal y como mantiene el profesor Manuel Hernández, aunque el patronazgo insular no está documentado hasta bien entrado el siglo XIX, cuando se establece la fiesta de «La bajada lustral» de la imagen desde la ermita de Puntallana a San Sebastián de La Gomera y pueblos de la comarca.

Los historiadores señalan que la imagen llegó a la isla vinculada con el primer Conde de La Gomera, Guillén Peraza de Ayala (1484-1565), por su relación con el monasterio extremeño. De la época del conde data la construcción del santuario original de Puntallana, anterior a 1542, que es al que alude el relato de la aparición de la Virgen a los marineros.

La ermita de Puntallana se ubica en una marisma a la que se accede en pequeños barcos de vela. El lunes después del primer domingo del mes de octubre es el día central de las celebraciones de la morenita de Puntallana. Cada cinco años tiene lugar el traslado de la imagen por mar desde la ermita hasta San Sebastián de la Gomera. La talla embarca en una falúa para alcanzar la playa de San Sebastián donde esperan cientos de fieles que cantas letras populares en torno a la leyenda y a la Virgen.

De nuevo en tierra firme, la imagen procesiona a modo de traslado por las calles de La Gomera donde recibe el calor de sus vecinos y los pétalos de rosa desde los balcones de las Casas Consistoriales, donde la autoridad municipal le entrega el bastón de alcaldesa perpetua. La procesión continúa hasta la Iglesia de la Asunción donde los gomeros reciben a su patrona entre vivas y ovaciones y el repique incesante de las campanas. De este templo partirá más tarde en procesión de gala por las calles de la localidad.

La bajada lustral se realiza en unas modestas andas de madera. La imagen se ubica bajo un templete de madera de traza popular, el mismo en el que está expuesta al culto en su retablo de la ermita de Puntallana. La imagen siempre está vestida con un manto, mostrándose sus ropajes tallados y decorados con motivos florales. Lleva una ráfaga de madera dorada y una media luna a sus pies, símbolos marianos descritos en la visión del Apocalipsis y empleados a su vez en la iconografía inmaculista. La imagen recorre en estas andas sencillas los diferentes municipios de la comarca gomera cada cinco años.

Para la procesión solemne, la Virgen de Guadalupe, coronada canónicamente el doce de octubre de 1973, se presenta bajo un templete de cuatro columnas repujadas en plata que sustentan un baldaquino neoclásico decorado con una interesante crestería. El templete, a su vez, se eleva en una grada de plata calada a tres alturas que hace de gran peana para el conjunto, mientras que la imagen de la Virgen sienta sus plantas sobre una peana de carrete. Para esta ocasión viste un importante manto con bordados en oro de diseño barroco y la media luna a sus pies, pero no así la ráfaga.

En cuanto a la imagen, la investigadora y profesora de arte de la Universidad de La Laguna Constanza Negrín Delgado, ya fallecida, aprecia en la pequeña escultura de unos veinticinco centímetros de altura características del arte flamenco de la escuela de Malinas, mientras que la profesora canaria María Jesús Riquelme Pérez apuesta por una procedencia sevillana de la imagen, enmarcada en un gótico tardío.

Lo cierto es que por sus características estilísticas la procedencia de la escultura casa con las teorías de sendas investigadoras. No obstante, el Niño está más cerca del arte malinense que del hispalense, mientras que el rostro de la Virgen da pie a una incertidumbre estilística fundada en los retoques e intervenciones que han desvirtuado su estilo original.

La Madre, con el cuerpo ligeramente girado en el regazo, mira al frente con expresión dulce, mientras que el Niño la abraza, presentándose de perfil en el regazo derecho de la madre. Por debajo de la túnica asoman las puntas de sus zapatillas. En la mano izquierda porta un ramillete de flores de orfebrería. Así, la Virgen de Guadalupe de Puntallana muestra la configuración tradicional de este tipo de imágenes flamencas o del gótico tardío de los siglos XV y XVI.

Gracias a la restauración realizada por Ezequiel de León (1926-2008), principal exponente de la escultura religiosa en Canarias en el siglo XX y principios del XXI, se descubre y recupera el estofado y la policromía del manto, bajo capas y capas de repintes.

La romería de la Virgen de Guadalupe de San Sebastián de la Gomera es también una expresión popular del folclore insular de nuestro país. La música y los cánticos marcados por el sonido de las tambores y de las chácaras, las letras de los romances interpretados por los grupos parranderos y la indumentaria tradicional acompañan los días festivos en torno a esta devoción colombina cuya aparición se escenifica cada cinco años en la playa de la Cueva por más de un centenar de gomeros entre actores, actrices, bailarines y bailarinas, además de personal técnico, bajo el guion de Manuel Lino Armas Herrera y la dirección de José Pedro Hernández, en el marco de las Fiestas Lustrales.

La Virgen de Guadalupe, patrona de Úbeda

Cuenta la historia popular que «en el amanecer de un día en las campiñas ubetenses, mientras los pastores se incorporaban a sus labores de labranza y de apaciento del ganado, se observaba en el ambiente que algo extraordinario iba a suceder, los animales madrugaron más que nunca, y se producían constantes signos que auguraban tal acontecimiento. Así pensó en su interior Juan Martínez, boyero del Gavellar, mientras rezaba sus avemarías camino del trabajo. En un instante vio brillar en torno a las junqueras que limitaban un arroyuelo un objeto de cuarta y media de altura; el pastor se acercó lentamente y cada vez que lo hacía sus pasos eran acompañados de múltiples destellos, él se sentía atraído por aquello hasta el punto de escuchar su nombre. Arrodillándose ante el objeto sobrenatural, y besando con fervor el suelo, alzó su mirada y encontró una imagen de la Señora de escasas dimensiones, la cual iba adornada por una ráfaga de luz; era el siete de septiembre de 1381 cuando Juan Martínez estrechó sobre su pecho a la Señora y Úbeda la recibió como Divino Regalo».

La historia y la leyenda del descubrimiento y de la aparición de esta imagen toman como patrón el modelo popular en torno a la figura de un pastor. La imagen es patrona de Úbeda desde 1651, aunque documentalmente algunos historiadores mantienen que el patronazgo llegó antes, en 1615.

En cuanto a la advocación de la imagen como Virgen de Guadalupe o Virgen del Gavellar, existen distintas versiones. La primera denominación vendría dada directamente por el parecido a la Virgen de Guadalupe del Real Monasterio extremeño, aunque como apunta la tradición oral, el pueblo ha justificado este nombre al coincidir con el de la esposa del boyero que la encontró.

La otra advocación, del Gavellar, encuentra respaldo histórico en un documento rubricado el veintiuno de noviembre de 1640 por el escribano Ventura de Medina. Una devota suscribe en su testamento «que se le diera a la Virgen de Guadalupe, llamada del Gavellar, seis fanegas de trigo y seis de cebada de su cosecha».

Conocida por ambas advocaciones, la del Gavellar ha estado ligada más bien a la denominación del santuario en el que recibe culto esta imagen réplica de la gótica perdida en la Guerra Civil. De unos treinta y cinco centímetros, responde a la tipología de Virgen sedente con el Niño Jesús en su regazo, abrazándose a la Madre, a la vez que gira la cabeza para observar a los fieles.

La imagen suele estar revestida con túnica y manto. Para dotar de mayor naturalidad al conjunto se le coloca un juego de manos diferente al de la talla original que queda bajo los ropajes. Como símbolo, siempre porta un ramillete de espigas que indican su protección sobre las cosechas de la ciudad y el bastón de alcaldesa perpetua de Úbeda, el cual se cambia por un cayado de pastora en las dos romerías que se celebran en su honor en mayo y en septiembre, en los traslados del Santuario del Gavellar a la Basílica de Santa María, y viceversa.

LA ADVOCACIÓN DE GUADALUPE EN SEVILLA

En Sevilla encontramos la advocación de Guadalupe en obras pictóricas en iglesias conventuales y otros templos de la ciudad en las que se representa a la Virgen de Guadalupe como Inmaculada, fiel a la iconografía mexicana. De estas pinturas y sobre todo de esta relación Sevilla-México en torno a «la guadalupana» ha investigado y escrito el profesor de Historia del Arte de la Universidad de Granada Francisco Montes González, incluso con un interesante estudio sobre el tema publicado bajo el título «Sevilla guadalupana. Arte, historia y devoción».

El profesor ha logrado localizar en Sevilla cerca de doscientas obras datadas entre los siglos XVII y XVIII, además de confirmar un catálogo de siete pinturas con la firma de Juan Correa (1646-1716 h.), pintor novohispano ligado a esta representación iconográfica de la Virgen María difundida por numerosos lugares como la gran devoción de Nueva España. Se le ha considerado como el artista guadalupano más prolífico de su época y sus representaciones son apreciadas por su fidelidad y perfección.

A Juan Correa se debe el modelo iconográfico tradicional que luego repetirían sus continuadores. La efigie de la Virgen suele aparecer enmarcada por cuatro cartelas que presentan los hechos aparicionistas del indio Juan Diego y el milagro del calco mariano en su tilma, a las que se suma una última en la parte inferior con la descripción del paisaje del Tepeyac —lugar de la aparición— junto a los monumentos levantados en aquellas tierras.

Las siete pinturas que el profesor Francisco Montes atribuye a Juan Correa se conservan en la capilla de San Onofre, en el Convento de San Leandro, en el museo del Convento de Jerónimas de Santa Paula, dos en colecciones particulares y una última, considerada como una de las mejores, en la capilla de la Hermandad Sacramental de la iglesia de San Nicolás de Bari, fechada en 1704.

La última y séptima incorporación al Estado de guadalupanas

de Juan Correa en Sevilla es la del Convento de Madres Carmelitas Descalzas de San José o Convento de las Teresas, en pleno barrio de Santa Cruz. Esta obra incorpora innovaciones iconográficas inspiradas en los grabados que el pintor Matías de Arteaga realizó para la edición sevillana de 1685 del título «Felicidad de México en el principio, y milagroso origen, que tuvo el Santuario de la Virgen María Nuestra Señora de Guadalupe» de Luis Becerra Tanco (1603-1672), como apunta el profesor Francisco Montes.

Quizá la guadalupana más conocida de la ciudad hispalense sea la que preside el retablo de la Hispanidad de la Basílica de la Esperanza Macarena, una pintura de 1709 firmada por Joseph Mota y enmarcada en una moldura doble de plata realizada por el orfebre Manuel Peregrina en su taller mexicano de Guadalajara, es una copia del marco original de la Basílica de Guadalupe de México que en Sevilla está rematado por una corona de plata y oro sostenida por dos ángeles realizada por el orfebre Fernando Marmolejo. Este retablo fue bendecido el doce de diciembre de 1959, festividad de la Virgen de Guadalupe mexicana, por el cardenal don José María Bueno Monreal.

Otra hermandad que cuenta con una capilla, altar o retablo dedicado a la Virgen de Guadalupe de México es la de la parroquia de la O, templo ubicado en la calle Castilla en el barrio de Triana. Este lienzo del siglo XVIII fue obsequio de un grupo de peregrinos mexicanos que en octubre de 1957 visitó Sevilla. La pintura se colocó en un retablo del taller de cerámica Santa Ana y fue bendecido por el obispo auxiliar de Puebla de los Ángeles, Emilio Abascal y Salmerón.

Además de esta colección de pinturas guadalupanas, en Sevilla encontramos la advocación de Guadalupe como patrona de Extremadura gracias a la hermandad canónicamente erigida en el templo de San Buenaventura, ligada a la Comunidad Franciscana. Esta corporación tiene por titular una copia de la Virgen románica de Las Villuercas.

También aparece como Virgen de Guadalupe la titular de la hermandad letífica que rinde culto a la advocación ubetense, y es Virgen de Guadalupe, una dolorosa obra del malogrado escultor Luis Álvarez Duarte y que fuera bendecida en la hermandad de las Aguas en el año 1967.

Franciscana Hermandad de Santa María de Guadalupe, Patrona Excelsa de Extremadura y Reina Perpetua de la Hispanidad

La Franciscana Hermandad de Santa María de Guadalupe, Patrona Excelsa de Extremadura y Reina Perpetua de la Hispanidad de la ciudad de Sevilla tiene su sede en la Iglesia Conventual de San Buenaventura que rige la Comunidad Franciscana. Esta hermandad ha seguido, desde su fundación por un grupo de extremeños residentes en la ciudad hispalense en 1959, una línea artística fiel a la esencia de la Santísima Virgen de Guadalupe del Real Monasterio.

La imagen a la que Sevilla rinde culto en este templo de la calle Carlos Cañal es una obra de Juan Abascal Fuentes. El escultor talló esta réplica en 1960 y lo hizo en madera de encina, árbol emblemático de Extremadura. La imagen sigue las trazas románicas de la original y se presenta a los fieles ataviada con mantos, sayas y un completo ajuar de orfebrería en el que destaca una copia de la corona imperial de la coronación de 1928, realizada por Manuel Villarreal en plata sobredorada y enriquecida con piedras preciosas y semipreciosas.

Este taller de orfebrería ha estado, desde su fundación en 1954, vinculado a la Santísima Virgen de Guadalupe y al monasterio extremeño, para el que realizó importantes trabajos, como el trono procesional o la estructura de plata que a modo de pollero permite vestir la imagen románica con mantos y sayas. Para la hermandad sevillana también realizó un rostrillo de plata sobredorada con perlas, el cetro de la Señora y la coronita del niño, todos estos enseres ejecutados en el año 1960.

En cuanto al ajuar textil de la homónima de San Buenaventura, el recordado y querido historiador Juan Martínez Alcalde apunta en sus Anales Históricos-Artísticos de las Glorias de Sevilla, que la Virgen de Guadalupe cuenta entre sus mejores mantos con uno rojo y oro, y otro de brocado celeste y plata, mientras que uno de los estrenos más importantes en lo que va de siglo XXI ha sido una toca de sobremanto bordada sobre malla, donación de un devoto.

También cuenta con una saya de tisú de plata bordada en oro con su correspondiente trajecito a juego para el Niño. La hermandad posee alrededor de doce ternos o juegos completos de manto, saya, toca y traje del Divino Infante, elaborados en terciopelos finos, tisúes y brocados.

En la actualidad, la Virgen de Guadalupe procesiona por las calles de Sevilla el ocho de septiembre, coincidiendo con la festividad en su honor como patrona de Extremadura, y lo hace sobre un coqueto paso tallado por Guzmán Bejarano. Los respiraderos se ornamentan con el emblema de la Orden Franciscana, los escudos de Badajoz y Cáceres, y la Giralda. La Santísima Virgen va iluminada por candelabros de guardabrisas de cinco luces que surgen de una jarra con flores estofadas, mientras que en las esquinas de la canastilla campean adornos frutales.

Este conjunto se completó durante el periodo 2006-2007 con una peana que como explica Juan Martínez Alcalde responde a la tipología tradicional de *gloria*, o sea una plataforma que se asienta sobre un eje o vástago central, que se completa con arbotantes en los cuatro extremos. La peana está dorada al igual que el paso.

Entre los hitos importantes de esta corporación destaca la restauración de la Santísima Virgen. El encargado fue Pedro Manzano y para ello dedicó algo más de seis meses, de diciembre de 2013 a agosto de 2014. En esos meses Pedro Manzano subsanó los daños provocados por insectos xilófagos, además de recuperar la policromía y el estofado dañados a causa de los alfileres que se utilizan para vestir a la imagen.

En esta intervención también se llevó a cabo la fijación de la policromía, una limpieza general de la imagen y la reintegración cromática de las pérdidas tanto en la Santísima Virgen como en el Niño Jesús, además de sustituir la sujeción de la corona de la Virgen y modificar el anclaje a la peana de la propia escultura devocional.

La tarde del treinta de agosto de 2014 los fieles y devotos pudieron contemplar a la Virgen de Guadalupe sin aditamentos textiles, tal cual es y replicó Juan Abascal Fuentes.

Otro de los hitos de la hermandad franciscana se escribió en 2019 al coincidir con el Sesenta Aniversario Fundacional y el quincuagésimo noveno aniversario de la hechura de la imagen. La corporación guadalupense programó una serie de cultos y actos para dar realce a tal efeméride, incluso por primera vez en la historia de la hermandad se celebró un besamanos en honor a la Santísima Virgen de Guadalupe. Esto ocurrió el 25 de mayo del citado año.

Humilde, Fervorosa y Sevillana Hermandad de la Virgen de Guadalupe, patrona de Úbeda

Con el fin de conservar, entre los ubetenses residentes en Sevilla, la devoción a su Patrona se funda en 1969 la Humilde, Fervorosa y Sevillana Hermandad de la Virgen de Guadalupe, patrona de Úbeda. La imagen es obra del escultor ubetense Ramón Cuadra Moreno que la entregó a la corporación en 1970, donada por Pedro Bellón Sola, primer presidente de la Junta Organizadora Provisional de la hermandad.

La Virgen de Guadalupe se bendijo en la Iglesia de San Antonio Abad en mayo de 1970. De este templo pasó a la Iglesia de los Terceros y de allí a la Iglesia de la Misericordia, donde cuenta con altar propio desde 1975. Antes de llegar a este templo tuvo que permanecer de manera provisional en la capilla del antiguo hospital del Pozo Santo.

El 20 de mayo de 1975 la imagen de Nuestra Señora de Guadalupe llegaba a la Iglesia de la Misericordia, en concreto al altar que ocupó la Hermandad de la Cena y que esta cedió a la corporación sevillano-ubetense renunciando a todos sus derechos. En el XXV Aniversario Fundacional, en 1995, se fija la salida procesional con carácter quinquenal el último sábado de octubre, empleando como andas procesionales las cedidas por diferentes hermandades y colectivos, como la Asociación de Nuestra Señora de Belén o las hermandades de la Cabeza y el Pilar de Sevilla.

Real, Ilustre, Antigua y Fervorosa Hermandad de la Santa Cruz y Nuestra Señora del Rosario y Archicofradía de Nazarenos del Santísimo Cristo de las Aguas, Nuestra Madre y Señora del Mayor Dolor y María Santísima de Guadalupe

La imagen de María Santísima de Guadalupe de la Hermandad de las Aguas fue realizada en 1965 por Luis Álvarez Duarte, siendo considerada como su gran ópera prima. Fue adquirida por la hermandad un año después y bendecida el 19 de febrero de 1967 en la parroquia de San Bartolomé por el párroco, Salvador Díaz Luque.

Tallada en madera de ciprés, responde al modelo de la dolorosa sevillana, de gran belleza, en la que destacan sus rasgos juveniles y la expresión de su mirada. Con esta imagen Álvarez Duarte realizó una aportación muy personal a la imaginería sevillana que ha influido de manera notable, tanto en su propia producción como en la de los escultores contemporáneos y actuales.

En 1981 su autor le sustituyó el candelero, tallándole unas nuevas manos y en el año 2010 se intervino nuevamente sometiéndose a una limpieza gracias a la cual se recuperaron las tonalidades claras de su encarnadura. La Virgen de Guadalupe realizó su primera salida procesional el Lunes Santo de 1969.

Luis Álvarez Duarte, hermano de honor de la corporación a título póstumo, descansa a las plantas de esta su primorosa Virgen de Guadalupe.

OTRAS REPRESENTACIONES DE LA VIRGEN DE GUADALUPE EN EL MUNDO

La expansión de la devoción a la Virgen de Guadalupe extramuros de la corona de Castilla está ligada tanto a la colonización del Nuevo Mundo como a la Orden Jerónima y sus fundaciones en las que siempre como devoción primitiva y matriz se encuentra la Virgen extremeña, Reina de la Hispanidad, como fue coronada el doce de octubre de 1928.

Portugal y la devoción a la Virgen de Guadalupe

La Virgen de Guadalupe también es icono devocional en diferentes puntos de Portugal, como Braga, Sagres o Serpa. La «Capela de Nossa Senhora de Guadalupe» en Braga fue un encargo del arzobispo Rodrigo de Moura Teles (1644-1728) a Manuel Fernandes da Silva en 1719. El pequeño templo de forma circular se bendijo el veintitrés de marzo de 1725. La imagen de Nuestra Señora de Guadalupe preside el retablo mayor que es atribuido al arquitecto y artista local André Soares, datado en 1768. Es de estilo rococó. La iconografía nada tiene que ver con Santa María de Guadalupe de Extremadura.

La imagen de Braga posa sus pies sobre una nube sustentada por un grupo escultórico de querubines, es de talla completa con el Niño en su regazo izquierdo y viste túnica y manto tallado y policromado en tonos rosas y azules de la iconografía inmaculista. El retablo se restauró en 2018 por los hermanos Alexandre y António Barbosa, bajo la dirección técnica del profesor Eduardo Pires de Oliveira, coincidiendo con el 250 Aniversario de su hechura.

Justo al otro extremo del país, al sur, en la región del Algarve, en Sagres, nos encontramos con una ermita gótica dedicada a la Virgen de Guadalupe, fundada según algunos historiadores en el siglo XIV tras la Batalla del Salado (1340). Destaca en su interior desnudo de retablos e imágenes la iconografía de los capiteles y de los florones, con motivos zoomórficos y antropomórficos ligados a la devoción de los marineros por esta Virgen y relacionados con la liberación de prisioneros.

La capilla mayor de la ermita está cubierta con una bóveda en cuyas claves y capiteles del arco triunfal existe una figuración simbólica sobre la leyenda de «Nossa Senhora de Guadalupe». La ermita se restauró en el verano de 2008.

También al sur del país, en el interior, se encuentra la ciudad de Serpa, conocida por su patrimonio monumental, como las murallas y el castillo. Este municipio tiene por patrona a la Virgen de Guadalupe que preside el pequeño retablo barroco de esta ermita de fachadas encaladas de estilo rústico alentejano. La escultura procesiona en primavera, entre marzo y abril y sale de la ermita para bajar al pueblo y recorrer sus calles en unas pequeñas andas.

La imagen es una talla completa de no más de ochenta centímetros de altura, presenta al Niño en su regazo izquierdo y procesiona bajo una ráfaga de ocho realizada con flores de talco. La corona aparece suspendida sobre sus sienes, sin tocar la cabeza de la Virgen. De estilo barroco, el manto tallado a base de pliegues recogidos o fruncidos a su izquierda está decorado con un rico estofado de motivos vegetales.

Otros municipios portugueses, como Porto Alto, Samora Correira o Viana do Castelo también cuentan en su devocionario particular con la Virgen María en su advocación de Guadalupe.

Matka Boska Kodeńska, la devoción a la Virgen de Guadalupe en Kodeń (Polonia)

Kodeń es un municipio del este de Polonia junto al curso del río Bug, cuyo cauce discurre la frontera con Bielorrusia. En un importante santuario y centro de peregrinación se venera desde hace siglos una pintura de la Virgen de Guadalupe que en Polonia es conocida como la Matka Boska Kodeńska, y que fue coronada el 15 de agosto de 1723.

La pintura está datada entre los siglos XV y XVI, de factura italiana con unas dimensiones de doscientos veintitrés por ciento veintiocho centímetros. La imagen fue traída a Kodeń desde Roma por Mikołaj Sapieha o Nicolás Sapieha, conde del Sagrado Romano Imperio y alférez del Gran Ducado de Lituania, que peregrinó hasta la ciudad del Tíber en 1631 para visitar los sepulcros de los apóstoles San Pedro y San Pablo e implorar la curación de una grave enfermedad de la que sanó frente a esta pintura en un momento de oración compartida con el papa Urbano VIII. La pintura se ubicaba entonces en la capilla privada del sumo pontífice.

Ante este hecho, Nicolás Sapieha dialogó con el Papa para que este óleo de la Virgen de Guadalupe viajara hasta Kodeń. El papa Urbano VIII no accedió a la súplica. Ante la negativa, Nicolás Sapieha escapó con la obra y la ayuda de un sacristán al que sobornó haciéndole partícipe de la fechoría. Por este hecho, al piadoso duque se le excomulgó.

El 15 de septiembre de 1631 la pintura llegaba a Kodeń. Un año más tarde el papa perdonó el robo y permitió que el lienzo permaneciera en esta ciudad. El cambio de actitud del romano pontífice vino motivado por el voto que Nicolás Sapieha emitió en contra del matrimonio del rey católico de Polonia, Ladislao IV, con la princesa protestante del Palatinado del Rhin.

El ocho de enero de 1636 el obispo de Łuck, Bogusław Radoszewski, trasladó la pintura a la iglesia de Santa Ana construida por Nicolás Sapieha por orden del papa Urbano VIII. Todos estos datos y detalles en torno al lienzo devocional de la Virgen de Guadalupe de Kodeń los aporta Juan Federico, conde de Sapieha, en su obra «Monumentos de antigüedades marianas en la imagen antiquísima, vulgarmente llamada gregoriana, pintada por San Agustín Romano, de la Inmaculada Virgen Madre de Dios de Guadalupe de Coden», publicada en 1721.

La autoría italiana de la imagen, como sostienen algunos autores, difiere de la vertiente artística que sostiene que pertenece a la escuela extremeña del Real Monasterio de Santa María de Guadalupe, siendo adquirida en España en una de las peregrinaciones de Nicolás Sapieha en el siglo XVII.

La pintura estuvo en el exilio durante sesenta y cuatro años. El zar Alejandro II de Rusia confiscó la iglesia de Santa Ana en 1863 pasando al culto ortodoxo. El clero católico salvó la pintura y la llevó hasta el Santuario de Jasna Gora, donde se venera la archiconocida y devota Virgen de Czestochowa o Virgen Negra, a más de cuatrocientos kilómetros de Kodeń. En 1905 la Iglesia de Santa Ana se devolvió a los católicos. Cuando Polonia recupera la independencia plena en 1919, se restablece la comunidad parroquial y en 1927 los Misioneros Oblatos de María Inmaculada se instalan en el templo. El diecisiete de agosto de ese año la Virgen de Guadalupe regresaba al santuario de Santa Ana, previa restauración en Varsovia, capital a medio camino entre Jasna Gora y Kodeń. El santuario es Basílica menor desde 1973, un título concedido por el papa Pablo VI.

La Virgen de Guadalupe de Sucre (Bolivia), una obra de fray Diego de Ocaña

Proclamada patrona de Bolivia, la Virgen de Guadalupe que recibe culto en la capital del país, Sucre, remonta su origen a finales del siglo XVI relacionada con la producción artística de fray Diego de Ocaña (1570-1698), monje jerónimo del Real Monasterio extremeño. Este cuadro llegó al entonces nuevo continente en el viaje emprendido por este jerónimo y fray Martín de Posadas el tres de enero de 1599, fecha en la que ambos partieron de la abadía de Las Villuercas con el fin de propagar el culto a la Virgen de Guadalupe, visitar sus cofradías y recoger las limosnas que aquellos con un poder adquisitivo medio-alto estaban obligados a ofrecer mediante testamento al Real Monasterio, como explica en su historia fray Arturo Álvarez, quien apunta que fray Martín de Posadas no llegó al destino planteado, ya que falleció en el puerto peruano de Payta.

Fray Diego de Ocaña escribía a modo de diario las pericias de estos viajes al nuevo continente. El códice manuscrito por el jerónimo y locuaz pintor se conserva hoy en Oviedo. Pintó numerosos lienzos de la Virgen de Guadalupe repartidos en diferentes ermitas e iglesias de Sudamérica. Por ejemplo, para la capilla levantada en Lima por Alonso Ramos Cervantes y Catalina de la Serna, su esposa, en 1599, o para la iglesia de San Francisco de Potosí, entregado en 1600. Ante esta pintura y un año después de entregarla a los fieles de Potosí, fray Diego de Ocaña recibía el encargo para la Catedral de Sucre.

Alonso Rodríguez de Vergara, prelado extremeño, fue el responsable de este encargo. El jerónimo pintó esta nueva obra de la Virgen de Guadalupe en la ciudad de Sucre en 1601. Es un óleo sobre lienzo que representa a la Virgen extremeña con minuciosidad y delicadeza. La pintura se aderezó con joyas, valiosas e importantes piezas de plata, piedras preciosas y aljófar, fundándose una cofradía que aún hoy perdura.

En 1784 la pintura se protegió con un manto repujado en oro y plata con las joyas engastadas a imitación de los tejidos de los mantos más importantes de cuantos conserva la Virgen de Guadalupe en su joyel del Real Monasterio. Así, de la pintura original solo se muestran los rostros de la Virgen y del Niño y las manos de Ella. La imagen es una pieza exenta de orfebrería, una silueta de plata repujada y enjoyada que procesiona en el interior de un gran marco sustentado por dos columnas estriadas.

La Virgen de Guadalupe se venera en una capilla anexa a la Catedral de Sucre, cuya construcción data de 1602. La imagen, siempre en el interior del gran marco de plata, preside el retablo de esta capilla que fue ampliada y destinada a la Virgen de Guadalupe en 1617 por fray Gerónimo Méndez de Tiedra.

La Guadalupana. El fenómeno devocional de México

Hablar de la devoción a la Virgen María en México es hablar de la Virgen de Guadalupe, la *Guadalupana*, de la que se ha escrito y se ha investigado por doquier. La leyenda y el milagro de las apariciones, de un lado, y la similitud de la *guadalupana* con la representación pictórica, escultórica, en bordados y en libros miniados de la Inmaculada Concepción, de otro, nos llevan a esbozar en las siguientes líneas estas dos cuestiones tanto desde la fe, la primera, como desde la lógica de los acontecimientos, la segunda.

La leyenda que envuelve a la Virgen de Guadalupe de México sitúa su aparición el nueve de diciembre de 1531. Su protagonista es Juan Diego Cuauhtlatoatzin, indígena chichimeca beatificado en 1990 y canonizado en el 2002. Cuentan que, en uno de sus trayectos al mercado de Tlatelolco, el principal centro de comercio del pueblo mexica, se le apareció una mujer rodeada de una intensa luz, quien dijo ser «la perfecta siempre Virgen Santa

María, Madre del verdadero Dios». Esto ocurrió en el lugar conocido como el Tepeyac. La mujer le invitó a hablar con el entonces obispo fray Juan de Zumárraga para construir un templo dedicado a la Virgen María en ese mismo lugar.

El prelado, incrédulo, pidió a Juan Diego una prueba del hecho milagroso de la aparición. Juan Diego vivió hasta cuatro apariciones, la última el doce de diciembre, en la que la Mujer le invitó a subir a la cumbre del cerro Tepeyac para recoger unas flores, dicen que unas rosas, una flor que en pleno mes de diciembre jamás se ha cultivado en México. Juan Diego llevó en su ayate —una especie de saco empleado en la agricultura para la recolección— las flores cortadas en el Tepeyac y las entregó al obispo fray Juan de Zumárraga. Al abrir su saca una imagen de la Virgen María estaba impresa en el tejido, señal inequívoca del milagro.

Ante la leyenda, que el mismo Vaticano ha alimentado elevando a los altares a Juan Diego Cuauhtlatoatzin, como símbolo identitario de México y máxima expresión de la religiosidad popular, se encuentran las relaciones lógicas con el descubrimiento del Nuevo Mundo, la relación de los Reyes Católicos con Cristóbal Colón y a su vez con Hernán Cortés, que inició la conquista del país guadalupano, de México, y todo ello al amparo de la Orden Jerónima y del esplendor del Real Monasterio de Santa María de Guadalupe y la ferviente devoción a la imagen románica venerada en la abadía extremeña.

José Julio García Arranz, profesor de la Universidad de Extremadura, señala que prácticamente desde el momento en el que la célebre representación pictórica de Nuestra Señora de Guadalupe de México fue instalada en el santuario de Tepeyac surgieron testimonios que vincularon esta imagen con una escultura mariana conocida como Nuestra Señora de la Concepción o del Coro de la iglesia del Real Monasterio de Guadalupe, datada en 1499 y enmarcada en la Escuela Flamenca, restaurada en 2016 por Paloma Monedero Trujillo quien recupera su policromía gótica.

Tales conexiones, como explica José Julio García Arranz, están fundadas en las coincidencias formales e icónicas que existen entre ambas obras, proclamadas por diversos historiadores, en especial por los estudiosos del cenobio extremeño, que reclaman la primacía artística de la talla cacereña sobre el lienzo mexicano, a la vista de la mayor antigüedad de la primera, de la escultura del coro de 1499.

Sin embargo, esa aparente familiaridad entre escultura extremeña y pintura mexicana ha sido contestada por investigadores mexicanos que desvinculan ambas representaciones. Los motivos de esta división, y así lo apunta José Julio García Arranz, son las razones devocionales —referidas a los acontecimientos prodigiosos que se sitúan en el origen de la Guadalupana del Tepeyac— y nacionalistas, proclives a evitar cualquier tipo de deuda con la antigua metrópoli, España.

Es cierto que la imagen de la Inmaculada Concepción que preside el coro del Real Monasterio presenta añadidos posteriores, como el ángel-niño a sus pies, que constituye una incorporación barroca de mediados del siglo XVIII a la talla original del XV. Esto supone, de un lado, que este elemento, ausente en la Concepción extremeña primitiva, debe descartarse como detalle iconográfico inspirador de la pintura de la Virgen del Tepeyac; y de otro lado, es probable que el querubín se añadiera a la efigie extremeña a mediados del setecientos con el fin de aproximar su fisonomía a la de la Guadalupe mexicana, conocida entonces a través de descripciones y copias grabadas o pintadas que circulaban por Europa, tal y como mantiene el profesor José Julio García Arranz.

Además, la apariencia de la Virgen del Coro se aproximó algo más a la de Tepeyac hacia 1744 cuando se repintó el manto de azul y se dispusieron sobre él las estrellas doradas para recuperar las que estaban pintadas en el arco del coro derribado en la reforma de Manuel de Larra Churriguera, según Carlos Gracia Villacampa.

Estamos ante argumentos y coincidencias que enfrentan a historiadores patrios mexicanos con expertos en arte y devoción de España, aunque no hay duda de que la Inmaculada Concepción del coro del Real Monasterio de Guadalupe es un icono de referencia para la pintura devocional de la Virgen de Guadalupe de México. Demos un paso más y veamos porqué gracias a los análisis que en 1999 se realizan la pintura del Tepeyac dirigidos por Leoncio Garza-Valdés, especialista en arqueomicrobiología de la Universidad de San Antonio (Texas).

En su informe final, no exento de crítica por parte de terceros, Leoncio Garza-Valdés concluye que la imagen de Nuestra Señora de Guadalupe que se contempla en la basílica del Tepeyac es la pintura más reciente en el tiempo de un total de hasta tres representaciones superpuestas en el mismo soporte o tejido.

De acuerdo con el testimonio de este investigador, en la imagen más antigua resultan visibles la fecha 1556 y las iniciales

M. A., detalles que en su opinión estarían corroborando la autoría de la primera versión por parte del pintor Marcos Cipac de Aquino, al que ya apuntó como autor de la pintura fray Francisco de Bustamante, provincial de los franciscanos, en un sermón pronunciado en 1556 en respuesta al arzobispo fray Alonso de Montúfar al que acusó de incentivar hechos milagrosos avalados por rumores forjados en torno a la diosa Tonantzin, nuestra madre, en el Tepeyac.

Desde el momento en que Leoncio Garza-Valdés visualiza esta primera imagen infrapuesta insiste en su similitud con la talla o Virgen del coro del Real Monasterio extremeño, considerando que la mexicana es «copia fiel» de aquella, una afirmación categórica que ha proporcionado nuevos argumentos a los defensores de la valoración de la talla extremeña como modelo icónico de la del Tepeyac.

Leoncio Garza-Valdés piensa así que Marcos Aquino se inspiró en alguna estampa de la Virgen extremeña. Sustenta esta conclusión en «ciertos análisis iconográficos» y de «documentos del siglo XVI que hablan sobre las similitudes entre las dos vírgenes». Sin embargo, la no divulgación de las fotografías que pudieran corroborar sus tesis, la manifiesta disconformidad de algunos de sus colaboradores en este análisis y el hecho de que esas tres imágenes sobrepuestas de la *Guadalupana* impliquen ciertas discrepancias icónicas, han desacreditado al profesor no solo en los foros «aparicionistas», también en los medios académicos, tal y como explica José Julio García Arranz en «La imagen de la Concepción del Monasterio de Nuestra Señora de Guadalupe (Cáceres, España) y la Virgen de Guadalupe de Tepeyac (México): historia de encuentros y desencuentros».

África y la Virgen de Guadalupe de Mongomo

Mongomo de Guadalupe es una pequeña localidad de Guinea Ecuatorial hermanada con Badajoz. En este municipio se venera en una réplica de la Virgen de Guadalupe enviada por la ciudad pacense y entronizada en la iglesia parroquial consagrada en 1962. Este templo reabrió al culto tras una importante reforma y ampliación en 2011.

Interior de la ermita del Vaquero cuyo retablo preside la Santísima Virgen de Guadalupe de Cáceres.

Sobre estas líneas, Virgen de Guadalupe de la antigua pedanía de Macioscoque en Murcia. Es una escultura del imaginero murciano Francisco Liza, entregada en 1965 y coronada canónicamente en el año 2000.

La Virgen de Guadalupe en su romería con las galas de peregrina o pastora con las que realiza el trayecto desde el Santuario del Gavellar a Úbeda y viceversa.

Retablo de la Hispanidad de la Basílica de la Esperanza Macarena, lo preside un lienzo de 1709 de la Virgen de Guadalupe de México.

Retablo de cerámica de la Virgen de Guadalupe en la
Iglesia de Nuestra Señora de la O, Triana.

Virgen de Guadalupe de la hermandad del templo franciscano
de San Buenaventura, revestida en su retablo.

La hermandad sevillana y filial de la Virgen de Guadalupe, patrona de Úbeda, reside desde 1975 en la Iglesia de la Misericordia.

La Virgen de Guadalupe de la Hermandad de Las Aguas está considerada la gran ópera prima del imaginero Luis Álvarez Duarte.

AGRADECIMIENTOS

A mis padres quienes me descubrieron años atrás a la Virgen de Guadalupe, guía y sendero de nuestra familia.

A mi hermana por guiarme en el camino de los recuerdos.

A Daniel por bucear en las letras de la obra antes de alcanzar el sí definitivo del que escribe.

A Francisco Jardín, Curro, por redescubrirme el mayor tesoro de Las Villuercas.

A la Comunidad Franciscana del Real Monasterio de Guadalupe y, en especial, a fray Francisco Ángel Fernández Molero y a fray Javier Córdoba de Julián, por su conversación y amor a María.

A Francisco Mateos Rubio, orfebre y hombre amable que accedió a compartir sus vivencias y trabajos para la Santísima Virgen.

A José Sánchez Piso, Pbro., por sus nociones de iconografía.

A Rosa García Perea y a la editorial Almuzara por su confianza para que esta publicación vea la luz.

A todos aquellos que en estos meses han comprendido cómo mi relación íntima con las teclas primaba por encima de otras propuestas.

Y a todos aquellos que durante siglos nos han legado textos e historia en torno a la Santísima Virgen de Guadalupe.

BIBLIOGRAFÍA

De Malagón, J. (2003). *Historia de Nuestra Señora de Guadalupe*. (Reedición) Guadalupe: ediciones Guadalupe.
Álvarez, A. (1964). *Guadalupe. Arte, historia y devoción mariana*. Madrid: Stvdivm.
Mateos, I., López-Yarto, E., y Prado, J. M. (1999). *El arte de la Orden Jerónima. Historia y mecenazgo*. Madrid: ediciones Encuentro.
García, S. (1993). *Guadalupe: siete siglos de fe y cultura*. Guadalupe: ediciones Guadalupe.
García, S. (2006). *Los bordados de Guadalupe. Estudio histórico-artístico*. Guadalupe: ediciones Guadalupe.
García, S. (1990). *Guadalupe, santuario y monasterio*. Guadalupe: ediciones Guadalupe.
García, S. (1996). *El camarín de Guadalupe. Historia y esplendor*. Guadalupe: ediciones Guadalupe.
Díaz, A. J. (1993). *La casa del Ayuntamiento de Toledo. Historia de un edificio*. Toledo: Excmo. Ayuntamiento de Toledo.
De Barcelona, C. (2005). *Libro de joyas de Nuestra Señora Santa María de Guadalupe con grabados y dibujos de fray Cosme de Barcelona*. (Reedición) Guadalupe: ediciones Guadalupe. Guadalupe.
Prieto, L. G. y Núñez, I. (2020). *Las joyas en el vestir de la Virgen*. Córdoba: Almuzara.
García, S. (1998). *Los miniados de Guadalupe. Catálogo y Museo*. Guadalupe: ediciones Guadalupe.
Hernández, A. (2019). *La misteriosa iconografía de las vírgenes negras del sur*. Córdoba: Almuzara.
Hernández-Núñez, J. C. (1997). *La Reja del Monasterio de Guadalupe*. Bilbao: cuadernos de restauración Iberdrola.
Hernández, J. (1980). *Berzocana de San Fulgencio. Sus reliquias y la iglesia parroquial*. Cáceres: Diputación Provincial de Cáceres.
Romanov, J.; Bejarano, A., y Sánchez, J. I. (2017). *El arte de vestir a la Virgen*. Córdoba: Almuzara.
VV. AA. (2015). *La moda española en el Siglo de Oro*. Toledo: Junta de Comunidades de Castilla-La Mancha.
Nava, A. (2015). *El catedrático don Francisco Arquillo Torres, referente contemporáneo de la conservación y restauración de obras de arte en España*. Sevilla: Universidad de Sevilla.

Álvarez, J. (2005). *El Greco: estudio y catálogo*. Madrid: Fundación Arte Hispánico.
VV. AA. (2014). *El griego de Toledo*. Toledo: Fundación El Greco 2014.
Martínez Alcalde, J. (2011). *Anales histórico-artísticos de las hermandades de Gloria de Sevilla*. Sevilla: Consejo General de Hermandades y Cofradías de Sevilla.
Casas, N. (2015). *Patrimonio Mundial Cultural de la Humanidad en España*. Madrid: Bubok.
Fernández, A. R. Coordinador. (2016). *Escultura Barroca Española. Entre el Barroco y el siglo XXI*. Antequera: ExLibric.
Iturrate, J., Agustín, J., y Villarejo, A. (1991). *María en los pueblos de España. Guía para visitar los santuarios marianos de Álava, Guipúzcoa y Vizcaya*. Madrid: Encuentro.
Caballero, F. y Riquelme, M. J. (1991) *María en los pueblos de España. Guía para visitar los santuarios marianos de Canarias*. Madrid: Encuentro.

ARTÍCULOS

López, R. y Mogollón, P. (2017). La Virgen de Guadalupe de Extremadura: iconografía andina. *Revista Quiroga de Patrimonio Iberoamericano*, número 12, julio-septiembre 2017, páginas 46-57.
González, P. (2017). Divinidades y vírgenes de cara negra. *Revista Digital de Iconografía Medieval*, vol. IX, número 17, páginas 45-60.
Ramiro, A. (2012). Nuestra Señora de Guadalupe, de patrona de Extremadura a reina de las Españas. *Advocaciones Marianas de Gloria*, simposio 20 del Instituto Escurialense de Investigaciones Históricas y Artísticas, páginas 495-516.
Ramiro, A. (2013). Las fiestas de Santa María de Guadalupe y la pervivencia de la fe. *El Patrimonio Inmaterial de la Cultura Cristiana*, simposio 21 del Instituto Escurialense de Investigaciones Históricas y Artísticas, páginas 341-362.
Arbeteta, L. (1996). El alhajamiento de las imágenes marianas españolas: los joyeros de Guadalupe de Cáceres y el Pilar de Zaragoza. *Revista de dialectología y tradiciones populares*, vol. LI, número 2. Consejo Superior de Investigaciones Científicas.
Cea, A. (1992). Religiosidad popular imágenes vestideras. *Heraldo de Zamora*, página 37 y sucesivas.
López, X. Una joya de Hernán Cortés ofrecida a la Virgen de Guadalupe. *Asociación Histórica Metellinense*. Recuperado de: www.medellinhistoria.com
Prieto, J. (2014). Las primeras vírgenes vestideras. Publicado en varios soportes y canales de difusión digital.
Pérez, J. (2010). Imperial Señora Nuestra: el vestuario y el joyero de la Virgen de las Nieves. *María, y es la nieve de su nieve. Favor, esmalte y matiz*, catálogo de la exposición celebrada en el Espacio Cultural Rafael Daranas, Casa Massieu Tello de Eslava, Santa Cruz de La Palma, del 25 de junio al 31 de agosto de 2010, páginas 39-73.
Roda Peña, J. (2003). Notas sobre el escultor Marcelino Roldán Serrallonga. *Laboratorio de Arte*, número 16, páginas 259-283.
G. Colao, L. (7 de abril 2014). Desde la otra Talavera. *Diario La Tribuna de Toledo*.
Lorite, P. J. (2012). Orígenes e hipótesis de la advocación mariana de Guadalupe como patrona de Úbeda. La unión de la Guadalupana y San Miguel archi-

serafín. *Advocaciones Marianas de Gloria*, simposio 20 del Instituto Escurialense de Investigaciones Históricas y Artísticas, páginas 333-348.

García, J. J. (2013). La imagen de la Concepción del Monasterio de Nuestra Señora de Guadalupe (Cáceres, España) y la Virgen de Guadalupe de Tepeyac (México): historia de encuentros y desencuentros. *Revista Iberoamericana de Ciencias Sociales*, número 1, páginas 1-43.

VV. AA. (2004). 150 aniversario Virgen de Guadalupe. Publicación conmemorativa de la efeméride. Hermandad de la Virgen de Guadalupe de Rianxo, A Coruña.

VÍDEO – DVD

Real Monasterio de Santa María de Guadalupe. (2003). *Coronación de Santa María de Guadalupe como reina de las Españas, patrona de Extremadura, el 12 de octubre de 1928*, (DVD). Consejería de Cultura de la Junta de Extremadura.

PORTALES WEB

www.lahornacina.com
www.pasionensevilla.tv
cipripedia.com
virgenguadalupe.wordpress.com
www.caballerosdeguadalupe.com
www.virgendelosangelesgetafe.org
www.asunciondecantillana.es
cantillanaysupastora.blogspot.com
chiquitilladelgavellar.blogspot.com
www.hermandaddelasaguas.org

Este libro se terminó de imprimir en vísperas
del 15 de agosto del año 2020, solemnidad
de la Asunción de la Virgen María elevada
en cuerpo y alma a la gloria celestial y
Año Jubilar Guadalupense.